KB124264

여성 없는

민주주의

JOSEI NO INAI MINSHUSHUGI

by Kentaro Maeda
Originally published in 2019 by Iwanami Shoten, Publishers, Tokyo.
Introduction Copyright © 2021 by Kentaro Maeda
This Korean edition published 2021
by LITTLEBKSHOP, Seoul
by arrangement with Iwanami Shoten, Publishers, Tokyo.

| 일러두기 |

각주는 옮긴이가 달았습니다.

여성 없는

젠더 관점으로 다시 읽는 정치학

마에다 겐타로 지음 | **송태욱** 옮김

민주주의

한뼘책방

추천사

젠더 이슈를 둘러싸고 어지럽게 벌어지는 최근의 정치 논쟁에 무언가 개념 정리가 필요하다고 느낀 순간, 이 책이 행운처럼 내 앞에 나타났다.

많은 이들이 '젠더'를 최근 새롭게 등장한 정치적 쟁점이나 이슈로 국한하여 이해한다. 『여성 없는 민주주의』는 젠더가 경제나 안보 등 전통적인 정치 쟁점에 더해 새롭게 신설된 하나의 부문이 아니라, 정치 전체를 꿰뚫어보는 총체적 관점임을 명쾌히 드러낸다.

저자의 질문은 거침이 없다. "남성 지배가 이루어지고 있음에도, 어째서 일본은 민주 국가로 여겨지고 있을까?" 2021년의 한국 정치도 이 질문으로부터 자유롭지 않다. 21대 국회의 81퍼센트가 남성이고 여성은 고작 19퍼센트에 불과하다는 사실은 — 이나마도 많이 개선된 수치라는 사실이 함정이다 — 우리의 민주주의에서 무엇을 의미할까? 먼저, 국민의 절반을 차지하는 여성이 겪는 삶의 문제들이 여간해서는 현실 정치의 주요 의제로 다루어지기 어려운 상황임을 뜻한다. 설령 다루어진다 하더라도 숙의 과정에서 여성들의 목소리가 충분히 반영되기란 쉽지 않다. 국회의 구성 자체가 남성들에게 훨씬 더 많은 발언의 기회를 제공하기 때문이다.

어디 그뿐인가. "남성은 공적 영역, 여성은 사적 영역"을 담당한다는 오랜 성별 분업은 '여성다움'과 '남성다움'이라는 강고한 젠더 규범을 형성한다. 강력한 젠더 규범 위에 세워진 현실 정치의 조직 규범은 자연스레 공적 리더십의 원형을 '남성다움'에서 길어 올린다. 전통적으로 남성의 영역으로 간주되어온 '정치판'에 뛰어든 여성들은 '리더다울 것', 즉 '남성 같을 것'을 요구하는 조직 규범과 '여성다울 것'을 요구하는 젠더 규범의 이중 구속 사이에서 혼란을 겪는다.

이런 어려움 속에서도 꿋꿋이 '여성 있는 민주주의'를 꿈꾸며 행동하는 모든 동료들에게 이 책을 강력히 추천한다. 책에 소개된 명확한 개념과 이를 뒷받침하는 국제 비교 수치들이 평소의 생각을 또렷이 정리하는 데 큰 도움이 될 것이다. 젠더는 경제나 안보, 노동 등에 비해 부차적인 주제라고 생각하시는 분들, "현재의 2030 여성들은 엄마나 할머니 세대에 비해 성차별을 덜 받는데 왜 젠더 이슈에는 이렇게 민감한가?" 하는 궁금증을 가진 분들께도 일독을 권한다.

국회의원 장혜영

한 연구자로서 제 책이 한국에서 출판되는 것을 무척 기쁘게 생각합니다.

『여성 없는 민주주의』는 주로 일본 정치를 다룬 책이지만 한국 정치 동향에서도 큰 영향을 받았습니다. 특히 한국 여성들의 #MeToo 운동이 놀라운 기세로 정계를 뒤흔들고 진보와 보수 양진영을 횡단하며 남성 지배에 대해 이의 제기를 한 일은, 일본의 정치를 젠더 관점에서 다시 보기 위한 책을 쓰려고 생각하고 있던 저에게 큰 자극이 되는 사건이었습니다.

동시에 이 책을 써나가는 중에 저는 한국의 정치를 좀 더 가까이서 보고 싶었습니다. 역사적으로 보면 한국은 일본과 마찬가지로 정치권력이 극단적으로 남성의 손에 집중되어 있는 나라 중 하나였을 터입니다. 하지만 근래 한국에서는 국회의 선거제도에 젠더 쿼터가 도입되는 등 일본에 비하면 정치에서의 남녀 불평등에 대한 대처가 진전되었습니다. 그런 의미에서 일본의 변혁 가능성을 점치는 데에 한국 사례를 더욱 깊이 알지 않으면 안 된다고 느꼈습니다.

그리고 마침 한국어판이 출판되는 올해, 저는 재외연구로 서울대학에 체재할 수 있는 행운을 얻었습니다. 신형 코로나 바이러스의 유행이 아직 계속되고 있어서 비상시라는 분위기도 강하지만, 역시 거리가 가까워진 만큼 일본에서는 충분히 보이지 않았던 것이 확실한 윤곽을 띠고 다가옵니다.

우선 한국 정치에서는 젠더 평등의 가능성을 생각할 때 '세대'라는 요인이 일본에 비해 훨씬 중요한 키를 쥐고 있습니다. 한국에서는 이미 젊은 세대에서 여성의 사회 진출이 당연한 일이 되었고 기존의 젠더 규범에 이의를 제기하는 움직임도 활발합니다. 그런 만큼 남성의 반발도 강합니다. 무엇보다 한국에서는 젊은 층의 고용 사정이 좋지 않기 때문에 젊은 남성이 여성을 경쟁 상대로서 인식하고 있습니다. 더욱이 한국에서는 남성에게 병역 의무가 있다는 점에서도 일본과는 다른 조건입니다. 그 결과 젊은 남성의 불만은 보수 정당의 순풍이 되어 정당 정치에도 영향을 미치고 있습니다. 이런 형태로 젠더를 둘러싼 대립이 일어나고 있는 것은 현대 한국 정치의 한 가지 특징일 것입니다.

하지만 젊은 세대의 젠더를 둘러싼 정치 대립의 배후에는 한국 사회의 빠른 변화라는 더욱 근본적인 원인이 숨어 있는 것으로 보입니다. 일본에서 온 저의 눈에는 취직 전선에서 살아남기 위해 필사적으로 공부하는 대학생들의 모습이, 일상의 쇼핑에서 행정 수속까지 사회의 모든 측면을 바꿔나가는 정보 기술의 확산이, 그리고 차례로 새로운 리더가 참여하는 정당 정치의 역동성이 아주 신선하게 비칩니다. 최근의 한국 정치는 좌우 대립이 격화하고 불안정해지고 있다는 이야기도 많지만, 그것은 동시에 남성 지배가 불안정해질 가능성을 보여주고 있다고 볼 수 있지 않을까요. 세습 남성 정치가에 의한 안정된 지배가 이어지는 일본이 한국에서 배워야 할 것은 개별 제도 변화가 아니라, 변화를 일으킨다는 자세 그 자체일

지도 모릅니다.

　또한 이 책은 일본 정치에 대한 책인 동시에 정치학에 대한 책이기도 합니다. 여기에 등장하는 학설은 대부분 한국에서도 잘 알려져 있을 터입니다. 정치학의 표준적인 학설이 그리는 정치의 세계와 젠더 관점에서 바라본 정치의 세계가 이렇게까지 다른 것일까. 이런 신선한 놀라움을 한국의 독자와도 공유할 수 있으면 좋겠습니다.

　번역을 맡아준 송태욱 님, 한국어판을 출판할 기회를 준 한뼘책방, 그리고 하루하루 많은 자극을 주고 있는 한국의 친구들에게 고맙다는 말씀을 전합니다.

2021년 7월 19일
마에다 겐타로

머리말

일본 열도에 사는 많은 사람들에게 정치란 나가타초에 있는 국회의
사당에서 일어나는 사건을 가리키는 게 아닐까. 시험 삼아 그 건물
내부의 풍경을 떠올려보기로 하자. 거기서는 총리가 연설을 하는
일도 있고, 야당 의원이 장관의 잘못을 추궁하는 일도 있을 것이다.
장관이 답변에 궁할 때는 뒤에 대기하고 있던 관료가 슬쩍 뭔가를
귀엣말로 전하는 장면이 있을지도 모른다.

여기서 잠깐 다시 생각해보았으면 싶다. 방금 머리에 떠오른 풍
경 속에 여성은 몇 명이나 있었는가. 아마도 등장인물 거의 전원이
양복 차림의 남성이지 않았을까.

이런 이미지야말로 일본 정치의 특징을 단적으로 드러낸다. 일본
에서는 정치인이나 고위 관료를 대부분 남성이 차지하고 있다. 여
성 가운데 권력자라 불리는 사람은 거의 없다.

정말 이상한 일 아닌가? 일반적으로 일본은 데모크라시, 즉 민주
주의 국가로 여겨지고 있다. 고대 그리스에서 유래한 민주주의라는
말은 원래 '인민의 지배'라는 의미를 갖고 있었다. 그 시대에는 인민
이라고 하면 남성을 가리켰다. 하지만 오늘날에는 인민 속에 남성
도 있고 여성도 있다. 이를 순순히 받아들이면, 민주주의 국가에서

는 남성과 여성이 함께 정치에 종사할 것이다. 그런데 일본에서는 정치권력이 압도적으로 남성의 손에 집중되어 있다. 구체적인 데이터는 나중에 말하겠지만, 이런 나라는 좀처럼 찾아볼 수 없다. 일본의 민주주의는, 이를테면 '여성 없는 민주주의'인 것이다.

민주국가여야 할 일본에서 왜 남성 지배가 이루어지고 있는 것일까. 다른 나라는 왜 일본처럼 되지 않았던 것일까. 일본에서 여성이 권력을 쥐는 것을 특별히 어렵게 하는 요인은 어떤 형태로 작동하고 있는 것일까. 다양한 의문이 솟아난다.

이 문제에 대해 생각하는 중에 더 큰 의문에 봉착한다. 애당초 남성 지배가 이루어지고 있음에도 불구하고 이 일본이라는 나라가 민주주의 국가로 여겨지는 것은 어째서일까. 일본의 정치체제를 민주주의로 부르는 것은 정치인이나 저널리스트만이 아니다. 정치에 대해 생각하는 것을 생업으로 삼고 있는 정치학자도 대체로 일본이 민주주의 국가라는 인식을 공유하고 있다.

이는 정치학이라는 학문의 성격과 관련된 문제일 터이다. 아무래도 필자를 포함한 많은 정치학자는 여성 없는 정치 세계에 완전히 익숙해진 것 같다. 적어도 민주주의라는 말이 남녀의 지위가 현저하게 불평등한 정치체제를 가리키는 데 사용되고 있어도 그다지 마음에 걸리지 않게 되어버린 것이다. 그 결과 뭔가 중요한 것이 보이지 않게 되었을지도 모른다. 만약 정치학을 다른 관점에서 다시 파악한다면 정치 그 자체도 전혀 다른 형태로 보이지 않을까. 이 책은 이런 문제의식에 기초한 정치학 입문서다.

정치의 과학인가, 남성의 정치학인가

통상 정치학 입문서나 교과서에는 다양한 학설이 소개되어 있다. 대부분의 학설은 바람직한 정치의 모습을 생각하는 것이 아니라 정치의 현 상황을 분석하는 것을 목적으로 한다. 현 상황을 분석한다는 것은, 예컨대 다음과 같은 물음에 답하는 것을 의미한다.

- 보수적인 유권자와 리버럴한 유권자의 정책적인 입장은 어떻게 다른가.
- 현직 후보자는 신인 후보자에 비해 선거에 강한가.
- 왜 재정 재건은 좀처럼 진척되지 않는가.

이런 물음에 답할 때는 무엇을 해야 할까 하는 가치판단을 하는 게 아니라, 적절한 절차에 따라 경험적인 증거를 제시하는 것이 중시된다. 이처럼 현 상황을 분석하는 정치학을, 정치 이론이나 정치 사상사 등의 규범적인 명제를 다루는 분야와 구별하여 폴리티컬 사이언스(political science), 즉 '정치 과학'이라고 하는 사람도 있다. 그 목적은 정치학에서 가치판단을 배제함으로써 가능한 한 연구자의 주관을 제거하고 객관적인 지식을 축적하는 것이라 여겨진다. 오늘날 이 정치학은 표준적인 교과서의 기술 대부분을 차지하고 있고, 정치학의 '주류파'로 불리기도 한다.

그런데 이 정치학은 과연 연구자의 가치판단과 정말 무관한 것일까. 예컨대 조금 전의 세 가지 물음을 다음의 세 가지 물음과 비교해 보자.

- 남성 유권자와 여성 유권자의 정책적인 입장은 어떻게 다른가.
- 남성 후보자는 여성 후보자에 비해 선거에 강한가.
- 왜 일과 육아의 양립 지원은 좀처럼 진척되지 않는가.

이런 물음이 모두 남녀 불평등과 관련된 것이라는 점만은 조금 전의 물음과 다르다. 그것 이외에는 큰 차이가 없다. 그렇다면 이런 물음에 답하기 위해서는 조금 전의 물음과 마찬가지로 정치의 현 상황을 분석하면 될 것처럼 보인다.

그런데 이런 유의 문제가 정치학 교과서에서 다뤄지는 일은 거의 없다. 그리고 그것을 연구해온 정치학자가 있다는 것 자체도 세상 사람들에게는 그다지 알려져 있지 않다. 물론 페미니즘의 정치사상에 대해서는 들어본 적이 있는 사람도 많을 것이다. 하지만 그것은 여성의 해방을 지향하는 규범 이론이지 정치의 현 상황 분석과는 관계가 없다고 이해하는 것이 주류가 아닐까.

다시 말해, 정치학 교과서가 집필될 때는 수록되는 학설과 생략되는 학설이 있다. 남녀 불평등에 관한 학설은 대부분의 경우 생략되는 쪽이었다. 왜 그런 형태로 학설의 취사선택이 이루어져온 것일까.

그 물음에 대해 페미니스트는 명쾌하게 답할 것이다. 지금까지 정치학자는 대부분 남성이었다. 남녀 불평등이 정치학 교과서에 등장하지 않는 것은 교과서가 남성의 관점에서 쓰였기 때문이다. 남성에게 남녀 불평등에 관한 문제는 우선순위가 낮다. 그러므로 그것에 관한 연구 성과는 정치학 교과서에서 배제되었을 것이다. 아무리 객관성이나 가치중립성을 가진 '정치 과학'을 표방했다고 해도, 그것은 이를테면 '남성 정치학'에 지나지 않는다고 말이다.

쟁점으로서의 젠더에서 젠더 관점으로

물론 지금까지 말해온 상황이 변해왔다는 생각도 할 수 있을 것이다. 왜냐하면 최근의 정치학 교과서에서는 '젠더'라는 페미니즘 용어를 소개하는 일이 예전에 비해 늘어났다. 이 개념은 인간의 생물학적 성별과는 구별되는 사회적 성별을 가리킨다. 좀 더 단순화하자면 '남자다움'이나 '여성스러움'을 의미한다. 인간의 성을 둘로 구분하고 '남자는 이런 것이다', '여자는 이런 것이다'라고 생각하는 발상은 인간의 생활에 계속해서 큰 영향을 끼쳐왔다. 오늘날에는 젠더의 개념을 소개하며 사회운동으로서의 제1세대·제2세대 페미니즘의 역사나, 의회에서 여성의 과소 대표에 대해 하나의 장을 할애하여 해설하는 교과서도 있다.

하지만 이런 유의 교과서에서 젠더는 '환경', '인권', '민족' 등의 항목과 나란히 정치적인 쟁점의 일종으로 다뤄지는 경우가 많다. 즉, 경제 정책이나 안전보장 정책과 같은 전통적인 쟁점에 덧붙이는 형태로 젠더에 관한 문제가, 종래와는 대립 구도가 다른 새로운 사회 문제의 한 예로 자리매김되고 있는 것이다.

이에 비해 투표 행동론이나 정치체제론 등 어떤 정치 쟁점과도 관계가 있는 일반적인 정치 구조에 관한 학설을 해설하는 장에서는 남녀 불평등에 대한 언급이 없는 게 통례다. 그 때문에 독자는 젠더가 여성에게만 관련된 개념이며 대부분의 정치 현상과는 관계가 없는 듯한 인상을 받을지도 모른다.

이래서는 젠더 개념이 가진 예리함이 크게 손상당하고 만다. 젠더는 여성을 가리키는 개념이 아니라 오히려 여성과 남성의 관계를 가리키는 개념이기 때문이다. 그동안 페미니즘은 언뜻 보기에 성차별과 무관한, 젠더 중립적으로 보이는 사회구조가 실제로는 남성에게 유리하게 작동하고 있음을 고발해왔다. 그렇다면 원칙적으로 젠더와 관계없는 문제는 존재하지 않는다. 최근에는 정치학에서도 '젠더와 정치'라 불리는 연구 영역이 발전을 이뤘고, 다양한 형태로 젠더 개념을 이용하며 온갖 정치 현상에 파고들고 있다.

그런 의미에서 정치학 교과서가 젠더를 정치 쟁점의 일종으로 다루는 것은 젠더에 관한 연구 성과를 충분히 살리는 것이 아니라 정치학의 한쪽 구석에 격리해둠으로써 남성의 정치학을 유지하는 결과를 초래할 것이다.

나는 이런 비판을 진지하게 받아들이는 데서 이 책을 시작하려고 한다. 만약 정치학이 어떤 의미에서 객관성을 가진 학문을 지향하는 것이라면 남성과 여성 쌍방에 열려 있지 않으면 안 된다고 생각하기 때문이다.

그래서 이 책에서는 젠더를 여성에 관한 정치 쟁점의 일종이 아니라 어떠한 정치 현상을 설명하는 데서도 사용할 수 있는 관점으로 자리매김한다. 그리고 젠더 관점에 기초한 논의를 지금까지 정치학의 표준적인 학설과 대화시킴으로써 정치의 세계가 어떻게 재검토되는지를 탐구할 것이다. 그것은 항상 남녀 불평등에 주의를 기울이며 정치에 대해 생각한다는 것을 의미한다.

또한 이 책은 기본적으로 남성과 여성의 관계를 다루고 있지만 젠더를 둘러싼 논점은 이것에 그치는 것이 아니다. 인간의 성을 남성과 여성으로 양분해버리면 그 틀에 꼭 들어맞지 않는 다양한 성소수자의 모습이 보이지 않게 된다. 그런 점을 고려함으로써 젠더 개념을 개척하는 정치학의 시야는 앞으로 더욱 확대되어갈 것이다.

이 책의 구성

이 책에서는 다음과 같은 절차에 따라 논의를 진행한다. 먼저 정치학 교과서에서 다루어온 테마를 가능한 한 넓게 바라본다.

[표준적인 정치학]

66 각 장에서는 일본의 정치학 교과서에서 자주 소개되는 학설을 테마별로 여러 절로 나눠서 다루고 각각을 짤막하게 요약한다. 이런 학설로 구성되는 정치학의 체계를 이 책에서는 '표준적인 정치학'이라 부른다. 이들 학설과 통설적인 사고, 개념이나 제도의 일반적인 정의·해설을 큰따옴표로 묶어 다른 것과 구별하여 명확하게 제시한다. 또한 학설 등을 소개할 때 연구자의 직함은 생략한다. 99

이 책에서 논의의 대상으로 하는 정치학은 '주류파' 정치학이다. 그중에서도 특히 유명한 학설을 소개하며 그때마다 젠더 관점에 기초한 비판을 제시한다. 그 목적은 이런 비판이 정치학의 모든 테마에 미치고 있다는 것을 보여주는 데 있다. 그것을 통해 젠더 관점을 갖춘 정치학은 표준적인 정치학이 다루지 않는 특수한 쟁점을 다루는 것이 아니라, 오히려 지금까지의 정치학이 다뤄온 것과 동일한 테마를 다른 각도에서 논하는 것이라는 사실이 분명해질 것이다.

이 책은 네 개의 장으로 구성되어 있다. 각각의 장에서는 '정치', '민주주의', '정책', 그리고 '정치인'이라는 정치학 교과서의 기본적인 테마를 다룬다. 제1장을 처음으로 읽는 것 외에 나머지 장의 읽는 순서는 특별히 상정되지 않았다. 표준적인 정치학이 그다지 익숙하지 않은 독자는 우선 큰따옴표로 묶인 부분만을 골라 이 책 전체를 읽어볼 것을 추천한다. 그런 다음에 본문으로 돌아가 처음부터 다시 읽으면 정치학에 젠더 관점을 도입하는 것의 의의가 더욱 명확한 형태로 떠오를 것이다.

차례

1장

'정치'란
무엇인가

1

의논으로서의
정치

◇◇

발언하는 남성, 침묵하는 여성

시로야마 사부로의 소설에 『남자의 숙원』이라는 유명한 작품이 있다. 주인공은 1929년 7월 총리에 취임한 하마구치 오사치와 그 내각에서 재무대신을 역임한 이노우에 준노스케다. 이 소설의 첫머리에 천황의 칙명을 받아 조각(組閣)을 마친 하마구치가 가족과 함께 자택에서 한숨 돌리는 장면이 있다. '남자의 숙원'이라는 말은 이 장면에서 등장한다.

당시 하마구치가 이끄는 입헌민정당 내각은 금본위제로의 복귀(금 수출 금지의 해제)라는 중요한 공약을 내걸었다. 하지만 금 수출 금지를 풀기 위해서는 긴축재정이 필요했고 그에 따라 불황이 발생할

우려가 있었다. 또한 긴축재정은 동시에 군축(軍縮)을 수반하기에 군부나 우익의 반발도 예상되었다. 따라서 이 공약을 완수하기 위해서는 상당한 각오로 직무에 임해야 한다. "이미 죽음을 각오했어. 도중에 무슨 일이 일어나 쓰러지는 한이 있더라도, 원래부터 남자로서의 숙원이야"라고 하마구치는 아내와 아이들에게 말한다. 한번 결정한 일을 목숨 걸고 실행하는 것. 그것이 남자다운, 정치 지도자로서 사는 법인 것이다.

계속해서 이 소설을 읽어나가면 다음과 같은 하마구치의 발언이 나온다. "여자는 입이 무거운 게 제일이지. 여자의 수다만큼 안 좋은 것도 없어." 평소 이런 말을 들었던 아내는 화제에 어려움을 겪은 일도 많았다고 한다. 실제로 이 소설에서 아내가 하마구치와 실질적인 내용이 있는 대화를 하는 장면은 거의 나오지 않는다. 이야기는 어디까지나 하마구치와 이노우에 사이에서 전개된다. 그리고 금 수출 금지의 해제라는 자신의 공약을 실천한 하마구치는 런던 해군군축회의가 끝난 뒤 1930년 11월 도쿄역에서 우익 활동가에게 저격당한다. 그리고 그 상처가 원인이 되어 이듬해 8월 세상을 떠난다. 그야말로 '남자의 숙원'을 이룬 것이다.

정치는 남성의 일이고, 여성은 참견해서는 안 된다. 이런 사고는 『남자의 숙원』의 무대인 전전(戰前)*의 일본에만 한정되지 않고 많든 적든 어떤 사회에서나 보인다. 가정 안은 물론이고, 가정 밖에서도 여성이 남성과 대등하게 논의하는 일은 꺼려진다. 이런 풍조에서 정치적인 사안을 두고 논의가 이루어지면 대체로 남성만이 일방적으로 의견을 표명하게 될 것이다. 그런 풍경이 익숙해지면 마음에 걸리지 않게 되는 건지도 모른다.

하지만 한발 물러나 생각해보면 이는 아주 중요한 문제라는 사실을 알게 된다. 왜냐하면 적어도 표준적인 정치학 교과서를 순순히 읽는 한, 남성만의 의견에 기초하는 정치는 원래의 바람직한 정치의 모습이 아니기 때문이다.

정치라는 말의 의미

정치 분석은 우선 정치의 이상을 생각하는 데서 시작된다. '정치는 어떻게 이루어지는 것일까'라는 물음의 배후에는 반드시 '왜 이상적인 정치가 실현되지 않는가'라는 물음이 있다. 그런 이상의 정치는, 예컨대 다음과 같이 정의된다.

[정치의 개념]

66 정치란 공공의 이익을 목적으로 하는 활동이다. 사적인 이익을 추구하는 것이 아니라 정치 공동체의 구성원에게 공통되는 이익을 목표로 하

---

* 일본근대사에서 시대 구분을 할 때 전전, 전후라는 말을 쓰는데 이때의 기준은 태평양전쟁이다.

는 것에 정치라는 활동이 가진 특징이 있다. "

    이런 사고에는 그다지 익숙하지 않을지도 모른다. 정치라는 말을 들으면 '정치인'이라는 직업이 떠오르는 일도 많을 것이다. 그리고 정치인이라고 하면 선거에 이기기 위해서라면 무슨 짓이든지 하는, 사리사욕으로 가득 찬 존재라는 이미지도 강할 것이다. 하지만 정치라는 활동은 직업적인 정치인이 등장하기 전부터 이루어져왔다. 그 때문에 정치학에서 정치의 개념을 정의할 때는 일단 정치인이라는 존재를 제쳐두고 생각하는 일이 많다. 그리고 정치 현실이 어떠하든, 이상으로 상정되는 것은 남성과 여성 모두의 공공 이익을 추구하는 일이다.

    그렇다면 공공의 이익을 목표로 하는 활동으로서의 정치는 어떻게 이루어지는가. 이에 대해서도 하나의 이상적인 형태가 제시되어 왔다.

[의논으로서의 정치]

" 정치의 기초가 되는 것은 정치 공동체 구성원 사이의 의논이다. 공공의 이익은 누군가 한 사람이 그 내용을 결정하는 것이 아니라 다양한 관점을 가진 사람들의, 언어를 매개로 한 커뮤니케이션을 통해 분명해진다. "

정치에서 의논을 중시하는 사고에는 긴 역사가 있다. 이 사고에 따르면 인간은 말을 할 수 있다는 점에서 동물과 다르다. 그리고 말을 할 수 있기 때문에 인간은 선악에 대해 판단하고 정의나 불의에 대해 논할 수 있다. 의논을 거듭해나가면 각자의 사적인 욕망을 넘어선 공공의 이익이 떠오를 것이다. 그렇다면 누군가가 일방적으로 의사 결정을 하는 게 아니라 참가자들이 시간을 들여 의논하고 납득하는 것을 통해 공동체의 문제를 해결하는 것이 바람직하다. 이런 정치를 이상적이라고 여기는 사고에는 그 나름의 설득력이 있는 게 아닐까.

여기까지 생각해두고 이 장의 첫머리에서 말한 에피소드로 돌아가보자. 남성이 자신의 의견을 말하고 여성이 그것을 묵묵히 듣는 것을 의논이라고 할 수 있을까. 아마 그렇다고 말할 수는 없을 것이다. 가정 안에서조차 남성과 여성이 대등하게 발언할 수 없다면, 가정 밖에서도 동일한 경향이 나타날 것이다. 이상의 정치는 의논에 의해 이루어진다는 사고를 끝까지 밀고 나가면, 거기에는 남녀의 구별이 없을 것이다. 남성이 발언하고 여성이 끝까지 듣는 역할만 하는 형태로 이루어지는 정치는 분명히 그 이상에서 일탈해 있는 것이다.

남성 지배라는 수수께끼

적어도 오늘날 일본에서 남성만이 의견을 말해도 좋다거나, 여성은 남성의 의견을 묵묵히 듣지 않으면 안 된다는 것은 어떤 법률에도 쓰여 있지 않다. 그럼에도 불구하고 남성이 여성에게 일방적으로 자신의 의견을 말하는 광경이 반복적으로 출현한다. 이는 이상한 현상이 아닐까. 이 나라에 사는 누구나 자유롭게 행사해야 할 언론의 자유가 어쩐 일인지 남성과 여성 사이에서는 동등하게 행사되고 있지 않는 것으로 보인다.

그렇다면 다양한 의문이 솟아난다. 오늘날 일본에서는 의논에 기초한 정치가 이루어지지 않는다. 오히려 남성에 의한 지배가 이루어지고 있는 게 아닐까. 남성과 여성의 관계는 법적으로 평등해도 실질적으로는 불평등한 게 아닐까. 무엇이 남성 지배를 초래한 것일까.

이런 의문에 대한 답을 찾기 위해 표준적인 정치학 교과서를 펼쳐 봐도 얻을 수 있는 것은 그리 많지 않을 것이다. 아마 거기에는 다원주의, 마르크스주의, 합리적 선택 이론, 정치심리학 등 다양한 관점에 기초한 학설이 소개되어 있을 것이다. 그리고 그런 학설은 왜 현실 정치가 의논에 기초하여 이루어지지 않는지를 가르쳐줄 테지만 남녀 불평등이 왜 발생하는지는 설명하지 않는다. 그 때문에 교과서를 읽는 독자는 남성이 정치에서 유리해졌다거나 여성이 정치에서 불리해진 것은 아니라는 인상을 받을지도 모른다. 이처럼 종래의 학설이 남성 지배라는 현상을 설명하지 않았기에 정치학에 젠더 관점을 도입할 필요성이 생겨난다.

2

정치에서의
권력

◇◇◇

권력은 무엇에 의해 생겨나는가

의논에 기초한 이상의 정치가 이루어지지 않고 있다면 현실 정치는
어떤 형태로 이루어지고 있는 것일까. 키워드는 권력이다. 표준적
인 정치학 교과서가 묘사하는 현실 정치란 권력을 행사하는 활동이
다. 특히 다음의 정의가 소개되는 경우가 많다.

[권력 현상으로서의 정치]

❝ 데이비드 이스턴의 『정치 체계』(1953)에 따르면 정치란 "사회적 가
치의 권위적 배분"을 하는 활동이다. 정치는 시장 거래와 같은 자발적인
활동과 다르고, 구성원에게 자신의 의사에 반하는 행동을 강제한다는 의

미에서 권력을 동반한다. 오늘날의 세계에서 그런 권력은 국가라는 거대한 조직을 통해 행사된다. 일본의 경우는 중앙 성청(省庁)이나 지방자치체가 세금을 걷고 기업 활동을 규제하고 사회복지 서비스를 제공하는 등 다양한 행정 활동을 통해 시민 생활에 큰 영향을 끼치고 있다. **"**

국가권력을 어떻게 행사할지를 결정할 때는 의논과는 다른 방법이 이용된다. 그 방법은 투표와 교섭, 이 두 가지로 크게 나뉜다.

우선, 많은 나라에서 국가권력은 투표에 기초하여 행사된다. 투표에서 이긴 쪽이 진 쪽에 자신의 의사를 강제하는 것이다. 통상 이투표 구조에 관한 규칙은 헌법 등 법 제도에 의해 정해져 있고, 일반적으로 정치제도라고 불린다. 일본과 같은 대의제 민주주의 국가에서는 유권자가 선거에서 국회의원을 뽑고, 그 국회의원이 제정하는 법률에 따라 행정 활동이 이루어진다. 유권자가 던진 표를 어떻게 집계할지를 정하는 선거제도로는 인도처럼 소선거구제를 택한 나라가 있는가 하면, 네덜란드처럼 비례대표제를 택한 나라도 있다. 또한 입법부와 행정부의 권한이나 선출 방식 등 정부의 형태를 정하는 방법으로는 한국처럼 대통령제를 택한 나라가 있는가 하면, 영국처럼 의원내각제를 택한 나라도 있다.

그런데 투표를 통해 권력을 쥔 사람들의 행동은 다양한 사회집단사이의 교섭에 의해 좌우된다. 그리고 교섭할 때 각 집단이 어느 정도의 영향력을 가지는지는 각 집단이 가진 권력 자원에 의해 좌우된다. 예컨대 정치인은 기업의 정치자금 제공과 교환하여 경영자에게 유리한 정책을 만들지도 모른다. 또는 노동조합의 조직적인 표 제공에 대한 보상으로 노동자에게 유리한 입법을 할지도 모른다. 일반적으로 미국에서는 경영자의 영향력이 크고, 스웨덴에서는 노동자의 영향력이 크다고 한다.

이렇게 생각했을 때 정치란 권력을 장악한 사람들이 그 이외의 사람들에게 자신의 의사를 강제하는 활동이다. 그리고 어떤 나라에서 누가 권력을 장악할지는 그 나라의 권력 자원이 어떻게 분포하고 정치제도가 어떻게 설계되어 있는지에 좌우된다. 정치적인 권력 구조는 나라별로 크게 다른 형태를 취할 것이다. 표준적인 정치학 교과서의 많은 부분은 이러한 권력 구조의 해설에 할당되어 있다.

하지만 젠더 관점에서 보면, 이런 해설에서는 중요한 부분이 확실하지 않다. 예컨대 정치인이나 관료 등 교과서가 그리는 정치 세계의 등장인물이 대부분 남성인 것은 어째서일까. 경영자가 조직하는 업계 단체나 노동자가 조직하는 노동조합은 등장하는데도 여성의 이익과 관련된 집단이 등장하지 않는 것은 왜일까.

문제가 어디 있는지는 일본 정치에 적용하여 생각하면 더욱 명확해질 것이다. 표준적인 정치학 교과서는 일본 정치의 권력 구조를 대체로 다음과 같이 해설한다.

[일본 정치의 특징]

❝ 전후 일본에서는 중선거구제 아래에서 자유민주당(자민당)의 일당 우위 정당제가 성립하고, 총리의 자리를 둘러싸고 여당 내의 여러 파벌이 다투는 구도가 정착되었다. 한편 농협이나 의사회 등 각 분야의 이익집단이 족의원(族議員)* 이나 관료와 결탁되어 있었다. 그 결과 권력은 극도로 분산되고 냉전 종결과 버블 붕괴에 따라 다양한 정책 과제가 분출하는 가운데 유효한 의사 결정을 하는 것이 어려워졌다. 그 때문에 1990년대에는 선거제도 개혁과 행정 개혁이 이루어져 총리로의 권력 집중이 진행되었다. ❞

언뜻 보기에 이는 상식적인 해설일 것이다. 하지만 젠더 관점에서 볼 때 거기에는 일본 정치의 아주 중요한 특징이 포함되어 있지 않다. 그 특징이란 일본에서 정치인이나 고위 관료 등 정치 엘리트의 압도적 다수를 남성이 차지하고 있다는 사실이다.

국제의회연맹(IPU)의 조사에 따르면 2019년 6월 현재, 일본 중의원의 여성 의원은 전 의원의 10.2퍼센트(463명 중 47명)다. 의회 하원에서 여성 의원이 차지하는 비율로는 세계 192개국 중 163위에 해당한다. 참의원에서 여성 의원의 비율은 20.7퍼센트(241명 중 50명)다. 여성 의원의 비율이 중의원만큼 극단적으로 낮은 것은 아니지

---

* 관련 업계의 이익을 보호하기 위해 관련 관청에 강한 영향력을 행사하는 국회의원.

만 양원제 국가 중에서는 세계 79개국 중 44위다.

한편 내각부 남녀공동참획국이 만든 『남녀공동참획 백서』에 따르면 중앙 성청의 최고 간부인 사무차관이나 국장 등 국가 공무원의 지정직^{**}에 상당하는 자리에서 여성이 차지하는 비율은 2018년 7월 현재 불과 3.9퍼센트에 지나지 않는다. 2015년 경제협력개발기구(OECD)가 실시한 조사에 따르면 OECD 국가들의 행정 기관 상급 관리직에서 여성이 차지하는 평균 비율은 33퍼센트이고, 일본은 29개국 중 최하위였다.

다시 말해 일본의 정치에는, 무엇보다 남성의 손에 권력이 집중되어 있다는 특징이 있다. 오늘날 선진국에서는 보기 힘든 현상이라고 할 수 있을 것이다. 일본은 권력이 분산되어 있는 나라라는 일반적인 평가는 권력을 장악한 남성들 사이의 관계를 기술한 것에 지나지 않는다. 이러한 기술에서 그 배경에 있는 남녀 불평등 구조는 누락되고 만다.

그렇다면 남성 지배를 초래하는 것은 무엇일까. 남성의 권력은 어디서 오는 것일까. 이 문제를 검토하기 위해서는 종래와는 다른 각도에서 권력의 원천에 대해 생각할 필요가 있다. 여기에는 다양한 접근이 있을 수 있지만, 이 책에서는 젠더 규범(gender norms)이

---

^{**} 일반직 국가 공무원 중에서 직무 내용이나 책임의 중대성을 고려하여 특별한 급여표의 적용을 받는 관직.

낳는 권력을 중시하고자 한다.

젠더 규범과 가부장제

제도상 평등한 권리를 부여받고 있어도, 남성과 여성 사이에는 권력관계가 생기고 여성에 비해 남성이 우위에 선다. 이러한 권력관계는 법률을 중심으로 하는 공식적인 제도와 달리 사회 속에 눈에 보이지 않는 규칙이 존재하기 때문에 생긴다. 그 규칙은 다음과 같은 형식을 취한다.

• 남성은 남자답고, 여성은 여자답지 않으면 안 된다.

일반적으로 이 규칙을 젠더 규범이라고 부른다. 젠더 규범은 사회 규범의 일종이고, 인간을 남성과 여성이라는 두 종류로 나눈 다음 각각에게 자신의 성별에 맞춰 일정한 방식으로 행동하도록 명한다.

젠더 규범은 항상 쌍을 이루고 있다. 예컨대 10년 내지 20년쯤 전이라면 다음과 같은 것은 당연하거나 아니면 바람직하다고 여겨졌다. 남성은 냉정하고 침착하게, 여성은 감정이 풍부하게 행동할 것. 남성은 바지를, 여성은 치마를 입을 것. 남성은 머리를 짧게 자르고 여성은 길게 기를 것. 남성은 일하러 나가고 여성은 집에서 아이를 키울 것. 다시 말해 남성에게 어떤 행동을 요구하는 규범은 동시에 여성에게 다른 행동을 요구한다.

어떤 행동이 법률에서는 허용되어도 젠더 규범에서는 허용되지 않는다면, 사람은 그 행동을 선택하기가 힘들다. 복장은 남녀에 상관없이 자유로워야 하지만 남성이 치마를 입거나 여성이 까까머리를 하는 일은 거의 없다. 슬플 때는 눈물을 보여도 되어야 하지만, 남성이 사람들 앞에서 눈물을 보이는 일은 드물다. 이러한 예는 모두 젠더 규범이 작동하는 모습이라고 할 수 있을 것이다.

그렇다면 젠더 규범은 어디서 오는 것일까. 일반적으로 본질주의 (essentialism)라 불리는 입장에 따르면, 남자다움이나 여성스러움은 남성과 여성의 생물학적인 차이를 반영하여 자연스럽게 생겨난다. 신장, 근육량, 뇌의 구조, 남성 호르몬의 하나인 테스토스테론의 수치 등 남성과 여성은 유전적으로 차이가 있으므로 양자에게 어울리는 생활 방식도 다르다고 생각하는 것이다.

하지만 이 사고에는 중대한 결점이 있다. 확실히 평균적으로 보면 남성과 여성에게는 다양한 차이가 있을지 모른다. 그런데 각각의 남성들 사이의 차이, 그리고 각각의 여성들 사이의 차이는 남녀 평균치의 차에 비해 매우 크다. 각자 개성이 풍부한 사람들의 행동이 젠더 규범이 명하는 형태로, 즉 남성과 여성으로 명확히 둘로 나뉜다고 생각하기는 힘들 것이다. 그렇다면 젠더 규범은 결코 인간의 생물학적인 본성을 근거로 한 것이 아니라, 사회적으로 만들어진 것일 터다.

이런 사고를 구성주의(constructivism)라 부른다. 사람이 젠더 규범을 몸에 익히는 과정에는 다양한 측면이 있는데, 아이가 사회규범을 학습하는 과정, 즉 사회화 과정이 중요한 역할을 한다고 여겨져왔다. 가정이나 학교 등 다양한 환경에서 부모나 친구와 나누는 대화만이 아니라 미디어와의 접촉 등을 통해 사람은 남자다운 행동, 여성스러운 행동을 배워간다.

젠더 규범은 남성과 여성에게 각기 다른 사회적 역할을 부여한다. 그것을 통해 생기는 남성과 여성의 분업 관계를 성별 역할 분담이라고 한다. 성별 역할 분담을 정하는 젠더 규범은 전형적으로 다음과 같은 형식을 취한다.

• 남성은 취업을 하고 가족을 부양해야 한다. 여성은 가정에서 가사와 육아를 담당해야 한다.

이 규범은 '남자는 일, 여자는 가정'이라는 표현으로 나타났다. 그것에 따르면 남성은 가정 밖에서 경제활동이나 정치 활동에 종사해야 한다. 한편 여성은 가정에서 가사와 육아에 종사하는 '현모양처'가 되어야 한다.

문제는 여성이 남성과는 다른 역할을 부여받을 뿐 아니라 남성보다 낮은 지위에 위치한다는 데 있다. 예컨대 남성의 일은 대가가 지불되는 유상 노동인 데 반해, 여성의 가사나 육아는 대가를 동반하지 않는 무상 노동이 된다. 남성은 '집안의 가장'으로 취급되고, 여성은 그것을 보조하는 '내조의 공'을 발휘할 것을 요구받는다.

이렇게 해서 생겨나는 남성 지배의 구조를 가부장제(patriarchy)라고 부른다. 그것은 독재자가 군사력을 이용하여 나라를 지배하는 독재 체제 같은 권력 구조와도 다르고, 기업의 경영자가 경제력을 이용하여 노동자를 지배하는 자본주의 같은 권력 구조와도 다르다. 독자적인 권력 구조다.

감정을 통해 작용하는 젠더 규범

젠더 규범 같은 사회규범이 작동하는 메커니즘을 생각할 때는 법적인 규칙과 대비해보면 유용할 것이다. 누군가 법률을 위반하면 경찰에 체포되거나 손해배상을 요구받는 등 뭔가 물리적·경제적인 제재가 가해진다. 그런 제재를 피하고 싶기 때문에 사람들은 법적인 규칙을 따른다. 사회규범도 그것을 위반한 사람이 제재를 받는다는 점에서는 법적인 규칙과 비슷하다. 규범에서 일탈한 사람은 무시를 당하거나 동료들로부터 따돌림을 당하는 형태의 묵시적인 제재로부터 신체적인 폭력을 당하는 명시적인 제재에 이르기까지 다양한 제재를 받는다.

하지만 사회규범과 법률은 위반에 따르는 결과가 크게 다르다. 법률의 경우, 위반에 대한 제재는 국가권력에 의해 뒷받침된다. 한 가지 예를 들자면, 눈앞에서 흉악한 강도 사건을 목격한 사람이 범인을 스스로 체포하려고 하는 일은 드물다. 대부분은 경찰에 신고하여 사건의 해결을 맡길 것이다. 그에 비해 사회규범의 경우에는 국가권력의 뒷받침이 필요하지 않다. 사회규범을 위반한 자를 목격한 사람은 그 위반자를 피하고 냉담한 태도를 취하는 형태로 자발적으로 제재를 가한다.

개인이 사회규범을 집행하는 데에는 감정의 작용이 수반된다. 어떤 사회규범을 받아들인 사람은 그것을 위반한 사람을 향해 경멸하는 마음을 품는다. 반대로 자신이 그 규범을 위반한 경우에는 수치심이나 꺼림칙함을 느낀다. 이와 같은 감정의 작용을 통해 사회규범은 국가권력에 의존하지 않고 사람들의 행동을 제약한다.

젠더 규범에서 일탈한 사람도 부정적인 감정에 노출된다. 예컨대 남성이 여성에게 품는 여성 멸시의 감정이나 여성이 자기 자신에게 품는 자기혐오의 감정을 가리켜 미소지니(misogyny, 여성혐오)라고 한다. 미소지니에 직면하기 쉬운 것은 여성 중에서도 특히 '여자답게' 사는 것을 거부하는 여성이다. 반대로 남성도 '남자답게' 행동할 수 없는 경우에는 '한심하다'는 등의 말을 들어 괴로움을 느끼게 된다.

젠더화된 조직

오늘날 일본에서는 '남자는 일, 여자는 가정'이라는 규범을 대놓고 긍정하는 사람이 줄어들고 있다. 명시적인 남녀차별을 하면 곧바로 매스미디어 등의 비판 대상이 될 것이다. 그러므로 기업이나 관청의 인사 채용 담당자는 틀림없이 자신의 조직에 필요한 자질을 갖춘 사람을 채용하고 있다고 말할 것이고, 정치인의 직무를 결정하는 정당의 간부는 성별에 관계없이 인재를 적재적소에 기용하고 있다고 말할 것이다. 이러한 사정 때문이기도 할 텐데, 남성들은 대부분 자신이 특권적인 지위를 누리고 있다는 감각을 갖고 있지 않다.

그럼에도 불구하고 역시 세상은 남성 우위다. 가정 밖에서 정치활동이나 경제활동에 종사할 때 사람은 기업, 관청, 정당 등 특정한 조직에 소속되는 일이 많다. 그러한 조직에 남성이 여성보다 많이 채용되고 우선적으로 승진하는 현상이 널리 보인다. 조직에서의 성별 역할 분담은 가정에서의 성별 역할 분담을 반영하고 있다. 예컨대 경영자는 남성이 많고 비서는 여성이 많다. 비행기 조종사는 남성이 많고 항공 승무원은 여성이 많다. 의사는 남성이 많고 간호사는 여성이 많다. 어떤 조합에서도 여성이 남성을 보좌하는 형태다. 남녀차별이 이루어지기 어려울 터인 세상에서 남성과 여성의 지위에 큰 차이가 발생하는 것은 왜일까.

이 현상을 설명할 때는 조직의 규범이 큰 역할을 한다. 어떤 조직이든 그 구성원에게는 일정한 역할을 기대한다. 그 규범은 다음과 같이 정식화된다.

- 이 조직의 구성원은 X가 아니면 안 된다.

통상 이 X의 내용이 성별에 따라 정의되고 있는 건 아니다. 거기에는 '냉정하고 침착함', '솔직하고 강건함', '경쟁적', '적극적', '야심적' 등이라는 단어가 들어간다. 시장의 경쟁에서 이기거나 권력을 장악할 때는 이런 자질이 필요하다고 생각할 수도 있을 것이다. 언뜻 보기에 이런 사고 자체는 그럴듯하다.

하지만 여기서 X에 포함되는 자질은 대부분의 경우 '남자답다'고 하는 성질과 겹쳐 있다. 설령 조직 규범이 남성과 여성을 차별하지 않는다고 해도, 사회 안에서 다음의 젠더 규범이 부과되어 있는 것이다.

- 남성은 X가 아니면 안 된다. 여성은 Y가 아니면 안 된다.

이런 규범에 기초하여 남녀의 성별 역할 분담을 낳는 조직을 젠더화된 조직(gendered organizations)이라 부른다. 젠더화된 조직에서는 명시적으로 남성을 우대하지 않는 조직 규범도 '남자다움'을 우대하고 있다.

이런 관점에서 보면 자본주의라는 경제 시스템 자체가 격렬한 시장 경쟁을 수반한다는 의미에서 '남자다움'과 결부되어 있다. 지금까지 수많은 일본 회사의 직원들은 회사를 위해 심야까지 일하고, 상사와 밤거리로 몰려 나가고, 임명을 받아 전근을 가고, 부하를 질타하고 격려하여 매출 목표를 달성할 것을 요구받았다. 이처럼 조직의 규범에 따라 회사에 헌신하는 직원의 배후에는 가정에서 가사와 육아를 담당하는 누군가가 있다는 것이 전제되어 있다. 그것이 여성보다는 남성에게 유리한 규범이라는 것은 말할 것도 없다.

남성은 젠더 규범이 명하는 대로 행동하면 조직의 규범을 따를 수 있다. 그에 비해 여성은 젠더 규범에 따라 행동하는 한 조직 규범을 따를 수가 없다.

그 결과 여성은 '이중 구속(double bind)' 상태에 직면한다. 이중 구속이란 두 가지의 모순된 요구 사이에 끼여 꼼짝하지 못하는 것을 의미한다. 한편에는 적극성이 있고 경쟁적인 '남자다운' 행동을 요구하는 조직 규범이 있으며, 다른 한편에는 부드럽고 포용력이 있는 '여자다운' 행동을 요구하는 젠더 규범이 있다. 예컨대 회사에서 출세 경쟁에 이기기 위해서는 타인을 밀어내고서라도 적극적으로 행동하지 않으면 안 된다고 한다. 하지만 그러한 '남자다운' 행동을 하는 여성은 '여자답지 않다'는 말을 듣는다. 남성이라면 '리더십이 있다'고 평가되는 행위는, 여성이라면 '잘난 체한다'고 간주된다.

다시 말해 조직 구성원이 직면하는 규범은 사실 이중 구조로 되어 있다. 그 기저에는 남성과 여성에게 다른 행동을 하라는 젠더 규범이 있고, 그것을 보완하는 형태로 조직의 구성원에게 일정한 행동을 명하는 조직 규범이 있다. 이 조직 규범이 표면상 젠더 중립적이기 때문에 그것 자체는 비판의 대상이 되기 힘들다. 조직의 구성원도 자신은 남녀 차별을 하고 있다고 생각하지 않더라도, 무의식적 편견(unconscious bias)의 작용으로 남성과 여성에게 다른 기준을 적용하고 만다. 그리하여 남녀를 차별할 리 없는 조직에서 중대한 남녀 불평등이 생겨나고 만다.

정치제도와 젠더

정당이나 관료제라는 조직의 활동을 규정하는 정치제도도 이러한 편견과 무관하지 않다. 언뜻 보면 젠더 중립적인 규칙이나 관행도 사실 '남자다운' 행동을 높이 평가하고 '여자다운' 행동을 낮게 평가해온 것이 아닐까. 이러한 문제의식에 기초한 정치제도에 대한 연구를 일반적으로 페미니스트 제도론(feminist institutionalism)이라 부른다.

정치인을 지망하는 여성들은 항상 이중 구속 상태에 직면해왔다. 예컨대 1986년 일본사회당(사회당)의 위원장으로 등장한 도이 다카코는 종종 남성 정치인들로부터 독신이라는 이유로 야유를 받았다. 같은 무렵, '주부'라는 점을 셀링 포인트로 한 의원은 "가사·육아를 소홀히 하고 있다", "부엌의 감각으로 정치를 하려고 착각하고 있다"는 비판을 받았다. 이 딜레마는 특히 전통적인 젠더 규범을 내면화한 여성이 정치 활동을 할 때 강력한 제약이 될 것이다. 종종 보수계의 여성 정치인이 페미니즘에 대해 엄격한 비판을 전개하는 것은, 자신이 젠더 규범에서 일탈하는 것을 벌충하기 위한 전략의 일환이라고 해석된다.

젠더 규범에서의 일탈에 대한 제재가 되풀이되면 여성이 자발적으로 정치의 세계에서 퇴장하는 결과를 초래한다. "여성은 여성답게 타인과 공공연하게 경쟁하는 것이 아니라 협조해야 한다"는 규범 아래 사회화된 여성은 선거 활동에 항상 수반되기 마련인 격렬한 경쟁을 피할 것이다. 젠더 규범의 이러한 효과가 실험으로 확인되는 경우도 있다. 예컨대 미국에서 이루어진 연구에 따르면, 어떤 지역의 공화당 지부가 당원 집회에 출석한 당원에게 입후보에 대한 관심을 묻는 설문을 실시했을 때 일부 답변자에게는 "선거에서는 격심한 경쟁을 이겨내지 않으면 안 된다"는 취지의 주의 사항을 첨부했더니, 관심을 보이는 여성 답변자의 비율이 크게 떨어졌다고 한다.(주의 사항이 없는 경우에는 20퍼센트, 있는 경우에는 5퍼센트) 이러한 효과가 남성에게서는 보이지 않았다.(주의 사항이 없는 경우에는 33퍼센트, 있는 경우에는 31퍼센트) 여성에게 경쟁을 회피하게 하는 젠더 규범이 있는 한 자유로운 경쟁이 가능한 선거제도는, 그것이 경쟁적이기 때문에 남성에게 유리한 구조가 되고 만다.

표준으로서의 남성, 예외로서의 여성

젠더 규범의 확산을 파악하기 위해서는 실제로 세상 사람들이 사용하는 말을 살펴보는 것이 좋다. 예컨대 신문을 읽고 있으면 '남성'이라는 말에 비해 '여성'이라는 말이 확실히 많이 등장한다. 이는 신문이 여성을 많이 다루고 있다는 의미가 아니고, 남성에 관한 기사에서는 굳이 성별을 기재하지 않는다는 것을 의미한다. 여기서는 한 예로서 정치인을 보기로 하자. 「아사히신문 기사 데이터베이스 기쿠조 Ⅱ」에 따르면 1985년 1월 1일부터 2018년 12월 31일까지 「아사히신문」 도쿄판 조간에서 '여성 의원'이라는 단어는 1,072건의 기사에 등장했다. 이에 비해 '남성 의원'이라는 단어를 포함한 기사 수는 147건에 지나지 않았다. 후자 중 '여성 의원'이라는 단어를 포함하지 않은 기사의 수는 55건이고, 그 기사의 대부분도 '여성'이라는 단어를 포함하거나 뭔가의 의미로 여성과 관련되어 있었다. 일본에 관한 기사 중에서 가장 최근 날짜의 '민진(民進)은 남녀차별을 하지 않는가'(2017년 9월 24일)라는 제목의 투서는 당시 제1야당이었던 민진당 여성 의원의 불륜이 주간지에 보도되어 탈당에 내몰린 건에 관해, 당의 대응이 동일한 문제를 일으킨 남성 의원에 비해 혹독했다는 것을 비판한 것이다.

일본에서는 국회와 지방의회를 불문하고 의원 자리 대부분을 남성이 차지해왔다. 그것에 비춰보면 「아사히신문」이 '여성 의원'이라는 말을 사용하는 것은, 표준적인 의원이 남성이라는 상정 아래 여성 의원을 예외로 간주한다는 것을 드러낸다. 「요미우리신문」, 「니혼케이자이신문」, 「마이니치신문」 등의 다른 전국지에서도 '여성 의원'이라는 말이 등장하는 횟수는 대체로 남성 의원의 10배 정도다.

젠더 규범은 정치의 온갖 측면에서 작용하고 있다. 이어서 남성과 여성 사이의 의논이라는, 정치에서 가장 기본적인 활동이 어떻게 전개되는지를 보기로 하자.

3

맨스플레인의
함정

◇◇

설명하는 남성들

일본 텔레비전 프로그램을 보고 있으면 남성이 뭔가를 설명하고,
여성이 고개를 끄덕이며 그 설명을 듣고 있는 장면이 많이 등장한
다. 평론가, 저널리스트, 학자, 정치인 등 다양한 직함을 가진 남성이
세상에서 일어나는 이런저런 사건에 대한 자신의 의견을 말한다.
그 표정은 자신감에 차 있고 어조도 당당하다. 한편 그 남성의 반대
쪽에는 이야기에 귀를 기울이고 있는 여성이 있다. 여성은 자신의
의사를 말하는 것이 아니라 남성에게 질문을 던지고 더욱 상세한
설명을 요구한다. 이처럼 남성이 의견을 말하고 여성이 그것을 듣
는 광경은 일본만이 아니라 세계 각국에서 널리 보인다.

이는 단순한 인상기가 아니다. 근래 일본을 포함한 다양한 나라에서 '토론형 여론조사(deliberative polling)'나 '미니 퍼블릭(mini-publics)'이라 불리는 실험이 이루어졌다. 이런 유의 실험에는 사람들의 의논에 기초한 민주주의, 이른바 숙의 민주주의(deliberative democracy)의 가능성을 살펴려는 목적이 있다. 단순히 개별 시민의 머리에 떠오른 의견을 집계하기보다는, 시민이 실제로 타인과 의논한 뒤에 의견을 집계하면 더욱 바람직한 결론이 나오지 않을까. 이러한 발상에 기초하여 시민 중에서 무작위로 뽑은 사람들을 모아 정치적인 문제에 대해 소수 그룹에서 논의하고 의견을 묻는 것이다. 그런데 이런 실험을 해보면 대부분의 경우 남성이 여성보다 발언 횟수가 많다. 이는 한 번밖에 얼굴을 마주할 일이 없는 남성과 여성 사이의 의논에서조차 여성이 남성의 이야기를 듣는 역할을 하게 된다는 것을 의미한다.

남성과 여성 사이에서 이런 역할 분담이 이루어지는 것은 왜일까. 그 이유는 경우에 따라 다르겠지만, 아마도 여성이 자신의 의견을 말하는 걸 방해하는 젠더 규범이 어떤 형태로든 작용하고 있기 때문일 것이다. 그런 규범이 작용하는 장면은 크게 셋으로 나눠볼 수 있다.

맨스플레인: 일방적인 발언

여성은 세상일에 대해 그다지 자세히 알지 못할 터이다. 그러므로 특별히 의견도 갖고 있지 않을 것임이 틀림없다. 그렇다면 지금은 내가 대화를 리드하자. 이러한 믿음에 기초하여 남성은 여성에게 일방적으로 자신의 의견을 말한다.

이런 현상을 맨스플레인(mansplain)이라고 한다. 이는 남성을 의미하는 man과 설명하는 것을 뜻하는 explain을 합친 조어다. 2000년대에 미국의 인터넷 공간에서 유행한 후 최근 들어 일본에도 전해졌다. 이 말이 생겨난 계기는 작가 리베카 솔닛이 2008년에 발표한 에세이 『남자들은 자꾸 나를 가르치려 든다』에 나오는 체험담이라고 한다.

어느 유복한 남성이 자신의 집에서 개최한 파티에서 일어난 일이다. 다른 여성 친구와 함께 그 파티에 와 있던 솔닛을 주최자인 남성이 불러 세웠다. 자기소개를 요구받은 솔닛은 최근에 자신이 발표한 어느 사진가의 전기에 대해 설명하려고 했다. 그런데 솔닛이 이야기를 시작하자마자 남성은 갑자기 이야기를 끊고 이렇게 말했다. "하지만 그 사진가에 대해서는 중요한 책이 막 나왔잖소." 그리고 그 책에 대한 이야기를 장황하게 늘어놓기 시작했다. 이야기를 듣다보니 솔닛은 남성이 하고 있는 이야기를 어디선가 들어본 적이 있다는 것을 깨달았다. 그도 그럴 것이 남성이 의기양양하게 설명하는 책은 바로 솔닛이 소개하려고 했던 자신의 책이 틀림없었던 것이다. 게다가 남성은 실제로 그 책을 읽지도 않았고 신문 서평란을 대충 훑어본 것에 지나지 않았다는 것도 알 수 있었다. 남성은 설마 솔닛이 신문에 서평이 실릴 정도의 책을 쓰는 작가라는 사실을 생각도 못하고 아는 체를 했던 것이다. 옆에 있던 솔닛의 친구가 넌지시 지적했다. "그거, 솔닛의 책이에요." 남성은 말문이 막혔고, 대화는 그것으로 끝났다.

남성의 발언이라고 해서 모두 맨스플레인에 해당하는 것은 아니다. 맨스플레인은 여성이 남성에게 설명을 요구하지 않은 경우, 또는 남성이 여성에게 설명해줄 만큼의 지식을 갖고 있다고 생각하기 힘든 경우에 발생하는 현상이다. 맨스플레인에 의해 남성이 발언하는 시간은 길어지고 여성이 발언하는 시간은 짧아진다.

맨터럽션: 발언의 차단

솔닛의 에피소드에는 또 한 가지 중요한 포인트가 있다. 남성이 솔닛의 발언을 차단하고 자신의 이야기를 시작했다는 점이다. 이러한 행동을 맨터럽션(manterruption)이라고 한다.

맨터럽션은 남성을 가리키는 man과 차단을 뜻하는 interruption을 합친 조어인데 맨스플레인보다 조금 늦게 유행하기 시작했다. 유행하게 된 계기는 2009년 미국의 텔레비전 방송국 MTV가

주최한 비디오뮤직 어워즈의 시상식에서 일어난 사건이라고 한다. 그날 컨트리 가수인 테일러 스위프트가 수상이 유력했던 가수 비욘세 등을 누르고 상을 받았다. 테일러 스위프트가 수상 연설을 하려고 할 때 객석에 있던 래퍼 카니예 웨스트가 단상으로 뛰어올라 마이크를 빼앗고 이렇게 말했다. "연설은 마지막까지 하게 해주겠지만 그 전에 한마디하겠다. 비욘세의 비디오는 역대 최고였다!" 이 에피소드는 수많은 음악 팬들의 빈축을 샀는데, 버락 오바마 대통령까지 오프더레코드로 비난한 일이 폭로될 정도로 큰 화제가 되었다.

남성이 여성의 발언을 차단하면 그만큼 여성의 목소리는 정치에 반영되기 힘들어질 것이다. 역사적으로 봐도 정치적인 발언을 하려는 여성들은 항상 그 정책적 입장과 상관없이 발언을 방해받아왔다. 1931년 이치카와 후사에*가 제2회 전일본부선대회(全日本婦選大会)의 개회사를 하려고 할 때 우익 활동가인 아카오 빈이 이치카와를 단상에서 끌어내리려고 했다. 아카오는 여성참정권이 인정된 후에도 이치카와와 관련된 집회에 등장하여 똑같은 방해 행위를 했다고 한다. 영국의 마거릿 대처 총리는 인터뷰할 때 발언을 차단당하는 일이 남성 정치인에 비해 눈에 띄게 많았다. 1982년에는 그 원인에 관한 심리학 논문이 과학지인 「네이처」에 실린 적도 있다.

---

* 市川房枝(1893~1981). 일본의 여성운동가, 정치인으로 일본 여성의 참정권 운동인 '부선대회'를 주도적으로 이끌었다. 일본 여성참정권은 1945년에 인정되었다.

그 논문에는 대처의 이야기 방식에서 원인을 찾았지, 이야기를 차단하는 남성들 쪽에 원인이 있다는 발상이 없었다. 2016년 미국 대통령 선거의 후보자 토론회에서는 공화당 후보자 도널드 트럼프가 민주당 후보자인 힐러리 클린턴의 발언을 계속해서 일방적으로 차단했다.

　물론 타인의 발언을 차단한 경험은 누구에게나 있을 것이다. 다만, 여기서 말하는 맨터럽션은 정치를 남성의 역할이라고 간주하는 젠더 규범에 따라 여성의 발언을 막는다는 점에 특징이 있다. 최근에는 의회의 의사록을 정량적으로 분석함으로써 남성과 여성의 발언 패턴을 정밀하게 비교하는 연구가 이루어졌다. 아주 흥미롭게도 단순히 남성과 여성이 서로의 발언을 차단하는 정도를 비교하면 그다지 큰 차이가 나오지는 않는다. 오히려 맨터럽션은 일부 남성에 의해 집중적으로 이루어지고 있는 듯하다. 그런 행위를 하는 남성은 특히 '남자다움'에 대한 집착이 강할 것이다.

브라프로프리에이션: 발언 가로채기

마지막으로, 남성은 여성의 발언을 자신의 발언으로 가로채는 경향이 있다고 한다. 그 때문에 여성이 의미 있는 발언을 했다고 해도 그 발언은 남성이 한 것이 되어버리고, 여성은 논의에 공헌하지 못한 셈이 되고 만다.

이러한 현상을 브라프로프리에이션(bropropriation)이라고 한다. 이는 '형제(brother)'와 '도용(appropriation)'을 조합한 조어다. 여성이 맨스플레인과 맨스터럽션을 다 빠져나가 뭔가 의견을 말했다고 해도, 그 발언을 자신의 의견으로 인정받을 수 없다는 것을 의미한다. 이것 역시 여성이 자신감을 갖고 발언하는 것을 방해하는 행위가 된다.

브라프로프리에이션은 남성이 여성에 비해 자신의 공적을 과시하는 경향이 있기 때문이기도 하며, 주위 사람들이 여성의 발언보다 남성의 발언을 중시하기 때문에 생기기도 한다. 예컨대『여성의 종속』(1869) 등의 저작으로 알려진 영국의 정치사상가 존 스튜어트 밀은『자유론』(1859)을 포함한 자신의 저작 대부분이 실질적으로 아내 해리엇 테일러와의 공동 작업에 기초했다는 것을 자전에서 밝혔다. 하지만 그러한 사실은 별로 알려져 있지 않다. 다소 오래된 연구서를 읽어보면 아내가 남편의 원고를 타이핑하고 문헌 조사를 하는 등 실질적인 공저자로서의 역할을 한 예를 많이 보게 된다. 그런 경우 아내의 이름은 표면에 드러나지 않는다. 오늘날에도 남성 연구자는 자기 자신이나 다른 남성 연구자의 논문을 우선적으로 인용하기 때문에 여성 연구자의 논문은 상대적으로 인용되기 힘들다고 한다.

조직의 남녀 비율과 크리티컬 매스

남성이 일방적으로 의견을 말하는 상황이 항상 생기는 건 아니다. 남성이 일방적으로 발언하는 것은, 그 장면에서 작용하는 조직 규범이 남성을 우위에 세우기 때문이다. 그와 다르게 여성이 발언하기 쉬운 조건이 갖춰지는 환경도 있다.

여기에는 특히 남녀 비율이 중요한 열쇠를 쥐고 있을 것이다. 논의에 참가하는 사람 중에서 어느 한쪽 성이 다수를 차지할 경우 소수 측은 발언하기 힘들어진다. 남성이 압도적 다수를 차지하는 공간에 소수의 여성이 참가하는 경우, 여성은 자신의 의견을 말하기 어려워진다. 그 결과 여성은 모양새만 띤 존재가 되고, 실질적으로 남성만으로 구성된 공간이나 다름없게 된다. 일본의 국회처럼 여성에 비해 남성이 압도적으로 많은 곳에서 여성은 그 수가 적기 때문에 존재감을 발휘하기가 더욱 어려워진다고 말할 수 있을 것이다.

그런 현상이 생기는 것은 조직의 남녀 비율이 조직 규범의 신호가 되기 때문이라고 볼 수 있다. 남성이 많은 조직에 속한 여성 참가자는 그 조직이 남자다운 행위를 요구하고 있다는 신호를 받는다. 여성인 자신은 여기서 업신여김을 당할 것이다. 이렇게 느끼기 때문에 여성 참가자는 주눅이 들어 본래의 힘을 발휘할 수 없게 된다. 이에 비해 조직 구성원의 남녀 비율이 균등하면 그 조직이 남성을 우대하는 것이 아니라는 신호가 전해져 여성도 남성과 대등하게 논의에 참여할 수 있게 된다.

조직의 남녀 비율을 주목하게 된 것은 제도적으로 그것을 컨트롤할 수 있기 때문이다. 남성에게 남자다움을 요구한다거나 여성에게 여자다움을 요구하는 젠더 규범을 법률로 직접 뒤집기는 힘들다. 이에 비해 젠더 규범이 작용해 생기는 조직 내 남녀 비율의 치우침은 법적인 규칙을 만들어 대처할 수 있다. 제4장에서 소개하는 것처럼 해외 여러 나라에서는 선거에서 후보자나 의석을 남성과 여성에게 일정한 비율로 할당하는 할당제를 이용하고 있다.

그렇다면 남녀 비율이 어느 정도일 때 여성은 남성과 대등하게 논의할 수 있을까. 이 문제에 대해서는 크리티컬 매스 이론이 강한 영향력을 가지고 있다. 크리티컬 매스(critical mass, 임계 질량)란 원래 핵물리학의 용어로, 일정 질량을 넘어서면 연쇄적인 핵분열 반응이 일어나는데 이때의 최소 질량을 가리킨다. 정치에서 크리티컬 매스는 여성이 본래의 힘을 발휘할 수 있게 되는 일정 정도의 수, 즉 여성 의원의 비율을 가리키는 개념이다. 이 개념은 드루데 달레루프의 1980년대 북유럽 의회 연구를 통해 정치학에서도 널리 알려지게 되었다.

크리티컬 매스의 수준이나 효과의 유무에는 여러 가지 주장이 있다. 그런데 국제기관이나 각국 정부 기관에서는 30퍼센트라는 숫자를 중시해왔다. 일본에서는 2003년에 남녀공동참획추진본부가

"2020년까지 사회 모든 분야의 지도적 지위에서 여성이 차지하는 비율을 적어도 30퍼센트 정도로 한다"는 목표를 설정했고, 2005년의 제2차 남녀공동참획 기본계획에도 같은 목표가 들어갔다.

조직의 남녀 비율 편향을 시정하는 제도는 단지 젠더 규범의 작용을 완화하는 데 의의가 있는 것이 아니다. 남녀에게 동등하게 열린 조직이 늘어나면 여성이 남성과 대등하게 논의하는 것이 당연해진다. 그것을 통해 남녀 불평등의 기초가 되었던 젠더 규범에도 변화가 생길 거라고 기대하는 것이다.

하지만 오늘날 일본 사회에서도 남성이 뭔가를 설명하고 여성이 잠자코 그것을 듣는 장면이 많다. 그것이 구체적으로 어떤 결과를 초래하는지에 대해서는 다음에 생각해보기로 하자.

4
정치의
쟁점

쟁점은 어디에서 생기는가

인간은 자신의 입장을 한번 정하면 쉽게 설득되지 않는다. 의논이
결렬되면 그다음에는 상대를 강제로 굴복시킬 수밖에 없다는 입장
도 있을 것이다. 실제로 정치학 교과서에는 국경선을 둘러싼 국가
사이의 영토 분쟁이나 의회에서의 다수파 공작 등 권력투쟁의 메커
니즘이 무수히 소개되어 있다. 대부분의 경우 그 행방을 좌우하는
것은 권력 자원이나 제도적인 권한이지, 당사자들의 주장이 갖는
타당성이 아니다.

하지만 이러한 예에서 보이는 권력 정치가 이루어지기 위해서는
무엇에 대해 의사 결정을 하는지가 이미 정해져 있다는 것이 전제

되어야 한다. 의사 결정의 대상이 되는 이 문제를 쟁점(어젠다)이라고 한다. 표준적인 정치학 교과서에서는 다음과 같은 쟁점을 중시해왔다.

[중요한 정치 쟁점]

66 많은 나라에서는 경제 정책과 안전보장 정책이 가장 중요한 정치 쟁점이다. 경제 정책의 경우 경제적인 평등을 중시하고 복지국가에 기초한 '큰 정부'를 내세우는 입장과, 경제적인 자유를 중시하고 시장경쟁에 기초한 '작은 정부'를 지향하는 입장이 대립한다. 안전보장 정책에 대해서는 군비 축소를 주장하는 입장과, 국방 체제의 충실을 중시하는 입장이 있다. 이러한 쟁점에 대한 태도에 기초하여 정치적인 우파와 좌파의 대립 축이 형성된다. 일본에서 우파는 '보수', 좌파는 '리버럴'이라 불린다. 양자의 가장 중요한 대립 축은 헌법 9조*와 미일안보조약을 중심으로 한 안전보장 정책이다. 99

경제 정책이나 안전보장 정책을 둘러싼 다툼이 중요하다는 것은 틀림없는 사실이다. 하지만 생각해보면 좀 이상하지 않은가. 데이비드 이스턴이 말한 것처럼 정치가 "사회적 가치의 권위적 배분"을 하는 활동이라고 한다면 그 범위는 원래 한없이 넓다. 어떤 종교를

---

* 전쟁의 포기, 전력의 포기, 교전권 부인 등 평화주의를 규정하는 조항.

가져야 할지, 아이를 어떻게 교육시켜야 할지 등을 생각하기 시작하면 다툼의 대상이 되지 않는 현상이 거의 없다. 당연히 남성과 여성의 불평등한 지위도 그런 다툼의 씨앗이 될 것이다. 그렇다면 오히려 남녀 불평등에 대한 대처를 둘러싼 쟁점이 안전보장 정책이나 경제 정책을 둘러싼 쟁점보다 더 중요하다는 사고가 있어도 좋지 않을까.

일반적으로 안전보장 정책이나 경제 정책을 둘러싼 쟁점은 그것이 실제로 중시되고 있다는 이유로 교과서에 등장한다. 게다가 그러한 쟁점은 정치 엘리트가 중요하다고 생각하고 있을 뿐만 아니라 일반 시민들 사이에서도 중시되고 있다. 이에 비해 남녀 불평등은 지금까지 중요한 정치 쟁점으로 인식되지 않았다. 다시 말해 그것은 정치의 중심적인 문제로 생각되지 않았던 것이다.

젠더라는 새로운 쟁점

한 발짝 더 들어가보기로 하자. 경제 정책이나 안전보장 정책을 둘러싼 쟁점은 왜 사람들에게 중시되고 있을까. 남녀 불평등은 왜 쟁점으로 중시되지 않았을까. 더 일반적으로 말하자면 쟁점은 왜 쟁점으로 부상하는 것일까. 이 문제에 대해서는 새로운 쟁점이 부상하는 메커니즘을 사고해보면 좋을 것이다. 정치학 교과서가 젠더 개념을 소개할 때는 다음과 같이 서술하는 일이 많다.

[탈물질주의적 가치관과 새로운 정치 쟁점]

66 1970년대 이후의 세계에서는 탈물질주의적 가치관이 퍼지고 전통적인 좌우 대립으로는 수습되지 않는 새로운 쟁점이 분출하고 있다. 우선 원자력을 비롯한 과학 기술의 불확실성을 어떻게 제어할까, 그리고 이산화탄소의 배출에 수반되는 기후 변동 등의 환경문제에 어떻게 대응해나갈까 하는 문제가 있다. 나아가 페미니즘 운동에 의해 전통적인 성별 역할 분담에 대한 이의 제기가 이루어진 결과 젠더도 쟁점으로 부각되고 있다. 또한 이민의 증가에 따라 다문화주의도 영향력을 키워왔다. 반대로 이민 유입에 대한 반동으로 근래에는 유럽을 중심으로 극우 정당이 지지세를 늘리고 많은 논의를 부르고 있다. 99

이런 쟁점은 대부분 사회문제의 심각화에 대응하는 형태로 생겨난 것이다. 예컨대 1970년대 이후 환경문제가 쟁점으로 부상한 것의 배후에는 원전 사고의 발생이나 지구온난화의 진행이라는 문제가 있었다. 이민을 둘러싼 정치 대립의 격화도 개발도상국에서 선진국으로의 이민이나 내전에 따른 난민 발생으로 이동이 증가한 것에 대한 대응이다. 사회문제가 심각해짐으로써 새로운 쟁점이 생겨난다는 것은 언뜻 자연스러운 일로 보인다.

하지만 이러한 메커니즘은 젠더에 관해서는 들어맞지 않는다. 왜냐하면 역사적으로 보면 예전에는 남녀 불평등이 지금에 비해 더 심각했기 때문이다. 그런데 아주 흥미롭게도 남녀의 평등화가 진행된 현재에 쟁점으로서의 중요도는 훨씬 더 높아졌다. 그리고 일본은 다른 나라들에 비해 남녀 불평등이 쟁점으로 중시되지 않았지만, 불평등의 정도는 다른 나라들보다 더 심각하다. 다시 말해 남녀 불평등의 심각성은 그 쟁점화와 결부되어 있지 않다.

남녀 불평등의 심각성이 그 쟁점화와 결부되지 않는다는 사실을 확인하기 위해 여기서는 두 가지의 간단한 지표를 보고자 한다. 먼저 임금 격차다. 그림 1-1에서는 OECD의 노동시장 통계에 기초하여 일본의 남녀 임금 격차를 여섯 선진국과 비교했다. 세로축은 남성과 여성의 임금 중앙값(전체 분포의 중앙에 위치하는 값)의 격차를 보여주고 있다. 이 표를 보면 일본에서 남녀 임금 격차는 조금씩 개선되는 경향이지만 한국을 제외한 모든 나라에 비해 여전히 높은 수준에 있음을 알 수 있다. 이 격차는 여성이 남성에 비해 직위가 낮고 근속 연수가 짧은 데서 유래한다. 여기에는 남녀 불평등이 뚜렷하게 드러나 있다.

다음으로 돌봄 노동에 관한 남녀 격차 지표를 보도록 하자. 돌봄이란 타인을 보살핀다는 개념이고, 물리적인 시중에서 정신적인 원조까지 폭넓은 활동을 포함한다. 가사, 육아, 간병 등 가정 내의 돌봄 노동은 가족 구성원의 생활을 지탱하는 데 없어서는 안 되지만, 금전적인 보수가 따르지 않는 무상 노동으로 이루어진다. 하지만

| 그림 1-1 남녀의 임금 격차 추이 |

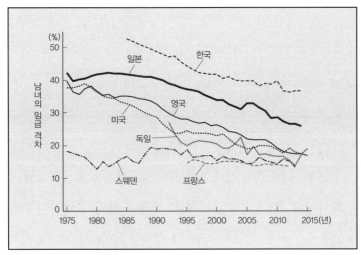

출전: OECD.Stat를 바탕으로 필자가 작성

| 그림 1-2 남성과 여성의 가사노동 시간(2012년) |

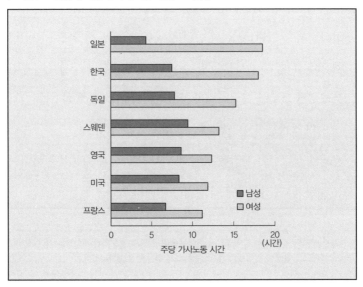

출전: ISSP 2012를 바탕으로 필자가 작성

대가가 따르지 않는다고 해서 돌봄 노동이 유상 노동에 비해 편하다는 것은 아니다. 그림 1-2에서는 바로 앞의 7개국에 대한 국제사회조사프로그램(ISSP)의 2012년 조사 데이터를 이용하여 각국 남성과 여성의 주당 가사노동 시간의 평균치를 비교했다.

이 그래프를 보면 일본 남성의 가사노동 시간은 다른 나라들에 비해 현저히 짧다는 것을 알 수 있다. 반대로 여성의 가사노동 시간은 7개국 중에서 가장 길다. 일하는 여성이 귀가 후에 가정에서 가사와 육아를 강요받는 이른바 '독박 가사, 독박 육아' 현상은 돌봄 노동이 사실상 제2의 근무 시간이 되었다는 의미에서 '세컨드 시프트(second shift)[*]라 불리기도 한다. 일본에서 남녀 사이의 불평등은 다른 나라에 비해 한층 심각하다고 할 수 있을 것이다.

이런 두 가지 지표를 보는 것만으로도 일본에서 남녀 불평등이 쟁점화되지 않았던 이유를, 남녀 불평등 문제가 심각하지 않았던 데서 찾을 수 없다는 사실을 알 수 있다. 오히려 문제의 정도가 심각했는데도 오랫동안 쟁점화되지 않았다는 것이 사실에 가깝다. 그렇기에 남녀 불평등이 심각한 채로 존재해온 것이다.

문제의 심각함이 쟁점을 낳는 게 아니라고 한다면 쟁점은 어디서 오는 것일까? 여기에 의논이 가지는 의미가 있다.

---

* 미국의 사회학자 앨리 러셀 혹실드의 책에서 유래한 말로, 맞벌이를 하는 아내가 직장에서 일을 마치고 집에 돌아온 뒤에는 가사노동을 해야 하는 현실을 가리킨다.

쟁점을 낳는 논의

의논이 전혀 이루어지지 않는 세계는 틀림없이 분쟁으로 가득하게 될 것이다. 어떤 사회문제에 대처할 때 폭력에 호소하지 않고 해결해나가려면, 문제를 구체적으로 지적하고 해결책을 제시하는 사람과 거기에 반대하는 사람 사이에서 우선 어떤 형태로든 의논이 이루어진다. 그리고 의논이 결렬되면 쟁점이 생겨난다. 쟁점이 생겨난 후에는 표준적인 정치학 교과서에 나오는 다양한 투표나 교섭 구조를 통해 의사 결정이 이루어진다. 하지만 쟁점의 기원을 더듬어가면 반드시 어딘가에서 최초의 의논이 이루어졌던 시점에 당도한다.

이처럼 쟁점은 의논에서 생겨난다. 젠더가 정치의 쟁점으로 부상한 것도 바로 그때까지 침묵하고 있던 여성들이 남성에 대한 이의 제기를 개시했기 때문이다. 일찍이 남녀 불평등이 지금보다 훨씬 심각했을 무렵, 거기에 불만을 품은 여성들은 침묵을 강요받았다. 그런데 어떤 시기부터 여성들은 침묵을 그만두고 목소리를 내기 시작했다.

세계사적으로 보면 19세기 중반부터 20세기 전반에 걸쳐 각국에서 제1세대 페미니즘이 융성하여 여성의 재산권과 참정권을 요구하는 운동이 일어났다. 1960년대가 되자 여성참정권이 도입된 후에도 여전히 해소되지 않는 남성 지배에 대한 이의 제기로서 제2세대 페미니즘이 등장하여 여성운동이 새롭게 전개되었다. 오늘날 젠더가 '새로운 쟁점'으로 교과서에서 소개되는 것은 제2세대 페미니즘의 성과다. 일본의 경우 1970년대에 전개된 우먼 리브 운동(women's liberation movement)이 인공임신중절에 제한을 두는 우생보호법 개정에 대한 항의 행동 등으로 널리 알려졌다. 그 후 나라에 따라서는 1990년대에 제3세대 페미니즘이 탄생하고, 근년에는 제4세대 페미니즘의 시대가 도래했다고도 한다.

따라서 "젠더가 새로운 쟁점으로 부상했다"는 문구의 의미를 이해하는 방식은 남성과 여성이 각기 다르다. 여성에게는 그때까지 오랫동안 견뎌온 억압에 대해 목소리를 높이기 시작한 것을 의미한다. 남성에게는 여성들이 갑자기 목소리를 높이고 그때까지 남성이 누렸던 다양한 특권을 빼앗기 시작한 것을 의미한다. 사회문제의 악화를 통해 쟁점이 생긴다는 의미에서 젠더를 환경문제와 같은 선상에 두고 보는 것은 사실 남성적인 발상인 것이다.

여기까지 생각함으로써 맨스플레인을 비롯한 현상이 정치에 어떤 영향을 끼치는지가 확실해질 것이다. 남성이 일방적으로 이야기를 계속하는 것은 여성의 발언 기회를 빼앗는다. 그것은 특정한 쟁점에 관해 여성의 의견에 비해 남성의 의견이 채택되기 쉬워지는 것만을 의미하지 않는다. 여성이 쟁점을 제기하는 기회 자체가 막히는 것을 의미한다.

여성이 발언을 하지 않게 되면 정치의 쟁점은 남성이 관심을 갖는 것으로 한정된다. 일본에서도 선택적 부부 별성제*의 도입, 임신과 출산에 관한 모자 보건/권리, 가정 내 폭력의 방지 등에 대해 수많은 여성들이 관심을 갖고 있지만 일반적으로 남성의 관심은 약하다. 비정규 고용을 둘러싼 문제는 그것이 여성의 문제인 동안은 쟁점화되지 않다가, 2000년대에 젊은 남성의 비정규직화가 진행되기 시작하자 쟁점화되었다. 교과서에 소개되는 정치의 쟁점도 기본적으로는 남성이 관심을 갖기 쉬운 쟁점에 치우친 것으로 보인다.

그렇다 해도 의문은 남는다. 설령 문제의 쟁점화에 성공했다고 해도 그것만으로 상대를 설득할 수 있는 것은 아니다. "일본은 젠더 평등한 사회를 지향해야 한다"고 호소하는 목소리에 대해서는 반드시 "전통적인 일본의 가족을 지키자"는 목소리가 커지고 '현모양처'의 미덕을 주장하는 반론이 부상할 것이다. 그리고 마지막에는 국회 등 의사 결정의 장에서 투표를 통해 결말이 날 것이다. 그렇다면 결국 중요한 것은 논의가 아니라 투표인 것으로 보이기도 한다. 이 문제에 대해 생각하기 위해 투표의 구조를 살펴보기로 하자.

---

* 부부가 각자의 성을 사용하는 것. 일본의 민법은 결혼을 하면 부부가 같은 성을 쓰게 하고 있으며, 대부분 아내가 남편의 성을 따르고 있다.

5

다수결과
쟁점

◇◇◇◇◇◇◇◇◇◇◇◇◇◇◇◇◇◇◇◇◇◇◇◇◇◇◇◇◇◇◇◇◇◇◇◇◇

보이지 않는 권력

남녀 불평등 같은, 종래에 쟁점화되지 않았던 문제는 자칫하면 중
요하지 않은 문제로 생각되기 쉽다. 그런데 정치학 교과서를 읽다
보면 쟁점화되지 않았던 문제가 오히려 정치학이 애당초 다루었어
야 할 중요한 문제인 게 아닐까 생각되는 때가 있다. 예컨대 다음 학
설은 다양한 교과서에 널리 소개되어 있다.

[권력의 세 가지 차원]

        권력에는 세 가지 차원이 있다. 다수결의 행방을 좌우하는 등 명시
적인 행동의 변화를 초래하는 권력은 표면적인 '일차원적 권력'에 지나

지 않는다. 오히려 많은 문제는 애초에 정치의 쟁점이 되는 것 자체를 방해받고, 현 상황이 변경되지 않도록 저지당하고 있다. 이처럼 문제의 쟁점화를 막는 권력은 '이차원적 권력'이라 불린다. 그리고 쟁점이 완전히 은폐되면 당사자조차 문제의 소재를 알 수 없게 된다. 이처럼 현 상황에 대한 불만을 억제하고 분쟁 자체를 소멸시키는 권력을 '삼차원적 권력'이라 부른다. ""

이 분류에 따르면 이미 정치의 문제로 인식되고 다양한 이해관계자가 권력투쟁을 전개하고 있는 쟁점은 일차원적 권력이라는 가장 표면적인 권력이 관찰되고 있는 것에 지나지 않는다. 그것은 권력을 장악하는 집단이 문제의 쟁점화를 봉쇄하는 데 실패한 사례다. 이런 문제를 아무리 뒤쫓아 다녀도 이차원적 권력이나 삼차원적 권력의 작용을 알 수는 없다. 권력자들은 보이지 않는 곳에서 더욱 강력한 권력을 행사하고 있을지도 모른다. 뭔가를 궁리함으로써 이렇게 보이지 않는 권력의 모습을 분명히 하는 것은 정치학의 중요한 과제가 아닐까.

그런데 교과서에서 이차원적 권력이나 삼차원적 권력이 어떻게 작동하는지 구체적인 예를 보여주는 일은 적다. 오히려 정치 과정의 다양한 측면에서 일차원적 권력의 작용을 설명하는 이론에 대한 해설이 대부분이다. 현 정치 상황을 분석하는 정치학이, 상대적으로 관찰하기 쉬운 권력의 작용에 주목하는 것은 어떤 의미에서 어쩔 수 없는 일이다. 하지만 이는 동시에 더욱 강력한 권력의 작용을 그냥 지나치고 만다는 것을 의미한다.

이에 비해 페미니즘 운동이 남성 지배를 고발하는 일은 이차원적 권력이나 삼차원적 권력에 대한 저항의 시도라고 할 수 있을 것이다. 예전이라면 많은 남성은 물론이고 적잖은 여성도 가정이나 회사에서의 남성 지배를 당연한 일로 받아들였다. 한편 오늘날에는 남성 지배와 여성 억압의 현장에 마침 있었던 여성이나 남성 중에서도 그것을 정치에 의해 해결할 필요가 있는 사회문제라고 인식하는 사람이 늘었다. 그리하여 삼차원적 권력이 타파되면 다툼의 무대는 이차원적 권력으로 이행한다. 가령 젠더가 주요한 정치 쟁점으로 확립되지 않는다고 해도 남녀 불평등에 대한 광범위한 불만이 존재하는 것 자체는 이제 누구도 부정할 수 없다.

투표의 패러독스와 쟁점의 의의

그러나 사회문제가 정치 쟁점이 되면 무엇을 바꿀 수 있을까. 쟁점의 중요성을 이해하기 위해서는 투표의 구조를 알아둘 필요가 있다. 그 구조는 단순하게 보이지만 심오하다. 특히 누구나 알고 있는 다수결이라는 구조는 다음과 같은 문제를 안고 있다.

[투표의 패러독스]

❝ 가령 A, B, C라는 세 사람이 재정 정책을 둘러싸고 투표를 하려고 한다. 선택지는 재정 적자를 허용하는 '재정 적자', 증세로 재정 재건을 지향하는 '증세', 지출 삭감으로 재정 재건을 지향하는 '지출 삭감', 이 세 가지다. 세 명의 개인적인 우선순위는 다음과 같다고 한다.

	A	B	C
1위	재정 적자	지출 삭감	증세
2위	증세	재정 적자	지출 삭감
3위	지출 삭감	증세	재정 적자

전체의 우선순위를 결정하기 위해 선택지를 두 개씩 고르고, 각 쌍에 관해 다수결을 한다. 우선 증세와 재정 적자 중 어느 것을 선택하는가에 대해 다수결을 하면 A와 B의 찬성 다수로 재정 적자가 선택된다. 다음으로 재정 적자와 지출 삭감 중 어느 것을 선택할지에 대해 다수결을 하면 B와 C의 찬성 다수로 지출 삭감이 선택된다. 이처럼 어떤 선택지 쌍에 관한 다수결의 결과는 항상 다른 쌍에 관한 다수결의 결과에 의해 뒤집힌다. 다시 말해 각 개인에게 우선순위가 정해져 있어도 사회 전체로서의 우선순위는 결정할 수 없는 것이다. ❞

이 문제는 18세기 프랑스의 수학자 이름을 따서 '콩도르세의 패러독스(투표의 역설)'라고 불린다. 지적 퍼즐로서 흥미로울 뿐만 아니라 정치학의 문제로서도 무척 흥미롭다. 왜냐하면 그것은 사회의 다수파가 확실한 형태로 존재하지 않는다는 것을 보여줌으로써, 다수결에 대하여 근본적인 문제를 제기하기 때문이다. 쟁점이 무엇인가에 따라 종래의 적과 아군의 구도가 싹 바뀌는 이상, 어떤 의사 결정이든 늘 계속해서 뒤집힌다. 그리고 무엇을 다수결의 쟁점으로 할지를 다수결로 정한다면 같은 문제가 생긴다.

표준적인 정치학 교과서에서는 정치제도나 조직의 기능을 설명할 때 투표의 역설을 막는 측면을 강조해왔다. 예컨대 의회에서의 위원회 제도처럼 본회의에서 다수결의 대상으로 삼는 의제를 제어하는 제도는 쟁점의 범위를 미리 축소해서 투표의 역설이 생기는 것을 막는다. 혹은 정당 같은 조직은 당의 소속 의원에 대해 당의구속(黨議拘束)*을 요구함으로써 의원이 일치 협력하여 투표할 수 있게 한다. 그리하여 정치에 질서가 생긴다고 생각하는 것이다.

그러나 이런 해설은 현 상황의 정치 질서에 대해 긍정적 입장을 지닌 발상이라는 점을 주의해야 한다. 원래 투표의 역설이라는 사고에는 언뜻 보면 다수파의 지배가 이루어지고 있는 사회에서 어떤 '독재자'가 쟁점을 조작하고 있는 것을 암시하는 의미도 있었다. 페미니즘 운동처럼 남성 지배에 대한 이의 제기를 하여 현 상황을 뒤집는 것을 목적으로 하는 입장에서 보면 쟁점의 범위를 한정하는

* 의회 의원이 소속한 당에서 결정한 법안에 대해 의회에서 찬성해야 하는 의무.

정치제도는 남성 지배를 유지하는 역할을 하고 있는 것이다.

공사 이원론 비판과 젠더 재편성

그렇다면 젠더가 쟁점화되면 무엇이 변할까. 이와 관련해서 '공사(公私) 이원론'이라 불리는 문제를 간단히 언급해두고자 한다.

공사 이원론이란 인간 활동의 장을 '공적 영역'과 '사적 영역'으로 나누는 사고를 가리킨다. 이 사고에 따르면 공적 영역에서의 활동은 정치적인 의사 결정을 통한 권력 행사의 대상이 되는 것에 비해, 사적 영역에서의 활동은 정치적인 개입의 대상에서 제외된다. 자유주의를 중심으로 하는 근대의 정치사상은 이 양자를 나눔으로써 국가권력이 개입할 수 없는 영역을 확보하고 개인의 자유를 지키는 것을 지향했다고 한다.

하지만 페미니즘은 이 공사 구분이 여성의 억압을 낳았다고 비판한다. 왜냐하면 실제로 공사 구분이 남성과 여성의 성별 역할 분담과 대응해왔기 때문이다. 다시 말해 남성은 공적 영역에서 정치 활동과 경제활동을 담당하고, 여성은 사적 영역인 가정에 가둬진다. 여성이 남성에게 가정 폭력을 당해도 그것은 정치 쟁점이 되지 않는다. 돌봄 노동을 담당하는 여성은 자율적인 주체로 간주되지 않고 2급 시민으로 취급된다. 그런 의미에서 공사 이원론이 지키고 있는 것은 남성의 자유에 지나지 않는 게 아닐까. 이러한 의문에 기초한 이의 제기는 "개인적이 것이 정치적인 것이다"라는 유명한 슬로 건에 잘 요약되어 있다. 여성이 자신의 사적인 고민이라고 생각하는 것은 사실 원래 정치 공동체 전체가 대처해야 할 문제인 것이다.

지금까지 공사 이원론에 대한 비판은, 정치학 교과서에서는 주로 규범적인 정치 이론에 관한 문제로 다루어져왔다. 하지만 현실 정치에서도 공사 이원론 비판은 대규모 정치 변동을 낳고 있다. 1960년대 이전에 여러 선진국 여성은 우파 정당에 투표하는 경향이 강했다. 이러한 경향은 여성이 남성보다 노동 참가율이 낮았기 때문에 좌파 정당이 중시하는 노동문제에는 관심이 낮고, 오히려 우파 정당이 중시하는 전통적 가치관을 존중하는 경향이 강한 데서 유래한다. 이에 비해 1980년대 이후 여성은 오히려 좌파 정당에 투표하게 된다. 그 원인은 여성의 노동 참여와 페미니즘 운동의 영향으로 고용 기회의 균등, 임신과 출산에 관한 모자 보건/권리, 복지 정책이라는 쟁점의 중요성이 부상한 데 있다.

이 현상을 피파 노리스와 로널드 잉글하트는 젠더 재편성(gender realignment)이라 불렀다. 지금껏 사적 영역으로 치부되었던 가정에 관한 문제가 쟁점화됨으로써 선거라는, 가장 대규모로 이루어지는 다수결의 결과가 변화한 것이다.

미디어의 변용과 #MeToo

사회문제가 쟁점화될 때 중요한 역할을 하는 주체로는 정치제도를 운영하는 정치인이나 관료 이외에 신문이나 텔레비전 등 매스미디어의 존재를 빼놓을 수 없다. 그 효과에 관한 학설의 동향에 대해서는 다음과 같이 정리되는 경우가 많다.

[매스미디어와 여론]

66 정치에 관한 시민의 의견을 모아놓은 것을 여론이라 한다. 매스미디어가 여론에 미치는 영향을 바라보는 두 가지 시각이 있다. 우선, 매스미디어의 보도가 정치 쟁점에 대한 유권자의 의견을 변화시키는 일은 적다고 보는 의견이 있다.(한정 효과론) 이에 비해 매스미디어의 영향력은 특정한 쟁점에 주목하게 하는 어젠다 설정 기능이나 어떤 문제를 특정한 각도에서 도려내는 프레임 효과 등을 통해 발휘된다는 견해가 있다.(강력 효과론) 99

이 논의를 젠더 관점에서 봤을 때, 남녀 불평등이 오랫동안 정치 쟁점이 되지 않은 원인 가운데 하나는 매스미디어가 어젠다 설정을 하지 않았던 것에 있다고 생각된다. 신문의 여론조사에서는 저널리스트가 중요하다고 생각하는 쟁점에 관한 질문이 이루어지는데, 지금까지 저널리스트 대부분이 남성이었던 탓인지 남녀 불평등에 관한 질문 항목은 늦게야 등장했다. 시험 삼아 「마이니치신문」이 1945

년 5월 이후에 실시한 모든 여론조사를 수록한 '마이니치 여론조사'를 검색해보니, 여성의 정치 참여에 관한 질문 항목은 도이 다카코가 사회당 위원장에 취임한 직후인 1986년 11월 29일의 조사 때까지 한 번도 등장하지 않았다.

이러한 매스미디어의 성격을 생각할 때, 남녀 불평등을 쟁점화하는 데는 책이라는 미디어가 큰 역할을 했다. 그중에서도 미국에서 주부의 불만을 그린 베티 프리단의 『여성성의 신화』(1963)는 폭넓은 독자를 얻어 제2세대 페미니즘의 기점이 된 것으로 알려졌다. 일본에서는 1980년대 이후 우에노 지즈코의 저작이 가끔 베스트셀러 목록의 상위에 오르며 페미니즘의 인지도를 크게 향상시켰다. 근래에도 미국에서는 셰릴 샌드버그의 『린 인』(2013), 한국에서는 조남주의 『82년생 김지영』(2016)이 기록적인 베스트셀러가 되었고 일본에서도 화제가 되었다. 이러한 책은 수많은 여성의 공감을 불러일으켰을 뿐 아니라 적잖은 남성에게도 남녀 불평등에 주의를 기울이게 했다.

한편 1990년대 인터넷의 등장은 전통적인 매스미디어의 권력을 뒤흔들었다. 특히 페이스북이나 트위터 등의 소셜 네트워크 서비스(SNS)를 중심으로 하는 소셜 미디어의 융성은 종래의 '일대다(一對多)'의 브로드캐스트형 커뮤니케이션을 대신하여 '다대다(多對多)'의 네트워크형 커뮤니케이션의 역할을 증대시켰다. 이러한 변화의 귀결에 대해서는 사람들이 자유롭게 논의할 수 있는 공론장이 인터넷 상에 성립하는 게 아닐까 기대하는 낙관론이 있는가 하면, 사람들이 자신에게 유리한 정보만을 모으는 '에코 체임버 현상(echo chamber effect)'을 통해 사회의 단절이 심해지는 것을 걱정하는 비관론도 있다.

인터넷이 공론장을 낳았는지 어떤지는 모르겠지만, 그것이 젠더의 쟁점화를 뒤에서 밀어준 것은 틀림없는 사실이다. 가령 신문이나 텔레비전이 남성의 손에 쥐여 있다고 해도 인터넷에서는 여성도 정보를 발신할 수 있기 때문이다. 그것의 가장 뚜렷한 예가 근래에 국제적으로 확산된 #MeToo 운동일 것이다. 원래 '나도'를 의미하는 MeToo라는 표현은 2006년 미국의 시민운동가 타라나 버크가 성폭력 피해자를 지원하는 일의 일환으로 고안한 슬로건이었다. 그런데 당시에는 미국에서도 성폭력이나 성적 괴롭힘이 오늘날처럼 중대한 사회문제로 인식되지 않았다. 2017년에 이르러 할리우드 영화계에서 성폭력 피해 고발을 계기로 문제의식이 확산되고, SNS에서 #MeToo라는 해시태그를 붙인 메시지를 통해 그때까지 울며 겨자 먹기로 단념했던 피해자들에 의한 고발 움직임이 잇따랐다. 이 #MeToo 운동의 영향이 지금 일본에서는 제한되어 있지만, 한국에서는 피해자의 검찰 고발을 중심으로 항의 운동이 확산되었고 국회에서도 성폭력 피해에 대한 대응이 큰 쟁점이 되었다.

제1장에서 살펴본 것처럼 젠더 관점은 정치에 대한 견해를 크게 바꾼다. 표준적인 교과서에서는 정치체제의 변동, 정치인의 입법 활동, 유권자의 투표 행동 등 정치의 다양한 과정을 설명하는 학설이 해설되어 있다. 하지만 공적 영역을 남성이 점유하고 여성을 배제해왔다는 페미니즘의 비판을 진지하게 받아들인다면, 이러한 모든 과정에서 어떠한 형태로든 남성 지배를 낳는 역학이 작용해왔다는 점을 간과해서는 안 된다. 젠더 관점은 단지 여성의 존재에 빛을 비출 뿐만 아니라, 여성을 정치에서 배제하는 권력에 주의를 촉구하고 모든 학설의 재검토를 요청한다.

2장

'민주주의'의 정의를
다시 생각한다

1

여성 없는
민주주의

◇◇◇◇◇◇◇◇◇◇◇◇◇◇◇◇◇◇◇◇◇◇◇◇◇◇◇◇◇◇◇◇◇◇◇◇◇◇◇

"세계는 민주주의를 위해 안전해지지 않으면 안 된다"

1917년 4월 2일, 미국 대통령 우드로 윌슨은 연방의회 상하 양원의 합동회의에 출석했다. 제1차 세계대전에 연합국 측으로 참전하기 위해 독일에 선전포고하는 것을 의회에 제안하려는 목적이었다.

그때까지 미국은 고립주의 국가였다. 왜 미국 병사들이 유럽의 전장에서 피를 흘리지 않으면 안 되는가. 그 이유를 설명할 때 윌슨은 다음과 같이 말했다. 미국은 민주주의 국가이며 독일 같은 권위주의 체제와 공존할 수 없다. 그러므로 무력을 행사해서라도 그 위협을 제거하고 황제 빌헬름 2세의 지배에서 독일 국민을 해방하지 않으면 안 된다. "세계는 민주주의를 위해 안전해지지 않으면 안 된다." 4월 6일, 상하 양원의 결의를 받아들여 미국은 독일에 선전포고를 했다. 이듬해인 1918년 봄, 유럽의 서부전선에 미군이 도착하자 전황은 단숨에 연합국 측에 유리해지고 11월에는 독일이 항복하여 전쟁이 끝났다.

연방의회에서 했던 이 연설은 윌슨이 이상주의자라는 측면을 보여준 것으로 널리 알려졌다. 하지만 윌슨의 연설에 등장하는 '민주주의'라는 말이 무엇을 의미하는지를 생각해보면 뭔가를 깨닫게 된다. 윌슨이 말하는 민주주의에 여성이 포함되어 있지 않았다는 사실 말이다.

1917년 시점에 미국에서는 아직 연방 수준의 여성참정권이 도입되지 않았다. 그 시대에 일부 주에서는 여성참정권이 도입되어 전미여성참정권협회(NAWSA)를 중심으로 하는 여성참정권 획득 운동이 유례없는 활기를 보이고 있었다. 하지만 윌슨은 여당인 민주당 내 보수파의 반발을 고려하여 연방 수준에서의 여성참정권 도입에 신중한 자세를 취했다. 제1차 세계대전에 참전한다는 중요한 안건을 앞둔 가운데 의회와 일을 복잡하게 만들고 싶지 않았던 것이다.

그런 국면에서 윌슨의 태도에 몹시 화가 난 페미니스트들이 행동에 나섰다. 앨리스 폴이 이끄는 전국여성당(NWP)이 '사일런트 센티넬(Silent Sentinels, 침묵의 파수꾼)'이라 불리는 활동가 그룹을 조직하고, 1917년 1월부터 백악관 정면 현관에서 항의 활동을 시작한 것이다. 활동가들은 다양한 깃발을 들고 윌슨에게 여성참정권의 도입을 호소했다. 미국이 독일에 선전포고를 하자 다음과 같은 메시지가 쓰인 깃발도 등장했다.

윌슨 황제 폐하. 자기 통치의 권리를 갖지 못한 가엾은 독일 국민이 보인 충심을 벌써 잊어버린 것입니까. 미국의 2,000만 여성들은 아직도 자기 통치의 권리를 갖고 있지 않습니다.

항의 활동이 계속되는 가운데 서서히 활동가들이 체포되고, 10월에는 폴도 체포되었다. 윌슨이 종래의 입장을 바꿔 여성참정권 도입을 위해 연방의회의 설득에 나선 것은 투옥된 폴이 단식투쟁을 시작하고 의사들에 의해 강제 급식이 이루어진 것에 충격을 받았기 때문이라고 한다. 1918년 의회 하원은 여성참정권을 인정하는 헌법 수정안을 가결했다. 하지만 상원이 설득에 응한 것은 전쟁이 끝난 뒤인 1919년이었다. 미합중국 수정 헌법 제19조가 전체 주의 4분의 3에 해당하는 36주의 비준에 기초하여 발효했고, 여성참정권이 정식으로 도입된 것은 1920년이다.

윌슨만이 아니라 많은 사람들이 여성참정권이 인정되기 이전부터 미국을 민주주의 국가로 불러왔다. 하지만 페미니스트들의 비판을 마주한다면 이 표현에 주의할 필요가 있을 것이다. 여성이 배제된 정치체제가 어떻게 민주주의로 불려왔을까. 남녀가 더욱 평등한 정치체제로서의 민주주의는 어떤 체제일까. 이 장에서는 이런 문제에 대해 생각해보고자 한다.

현대의 민주주의 개념

윌슨이 미국의 민주주의를 독일의 권위주의와 대비한 것은 민주주의라는 말의 의미를 생각할 때 아주 흥미로운 논점을 제기한다. 왜냐하면 당시 독일의 정치체제는 몇 가지 점에서 미국과 공통점을 갖고 있었기 때문이다.

우선 미국에서는 19세기 전반에 백인 남성에 의한 보통선거가 이루어졌다. 1871년에 설립된 독일제국은 당초부터 하원에 해당하는 제국의회에 남성의 보통선거를 도입했다. 인종에 기초하여 선거권을 제한하고 있던 미국보다는 유권자의 범위가 넓었다.

또한 미국은 일찍부터 복수정당제가 발달하고 남북전쟁 후에는 공화당과 민주당의 양당제가 확립되었다. 그런데 복수정당제는 독일에서도 발달해 있었고, 반체제파인 독일 사회민주당은 1912년 제국의회 선거에서 약 35퍼센트의 득표율로 제1당이 되어 있었다.

그런데도 윌슨이 미국은 민주주의 국가이고 독일은 그렇지 않다고 생각한 것은 왜일까. 이 문제에 대한 대답이야말로 현대 정치학에서 민주주의 개념의 출발점이 되었다고 말해도 좋다. 그것은 다음과 같은 사고다.

[민주주의의 최소 정의]

66 정치 지도자가 어떻게 선발되는지를 결정하는 정치제도를 정치체제라고 한다. 민주주의란 정치 지도자가 경쟁적인 선거를 통해 뽑히는 정치체제를 가리킨다. 이에 비해 경쟁적인 선거가 치러지지 않는 나라를 권위주의 체제 또는 독재 체제라고 한다. 99

이러한 민주주의 정의는 조지프 슘페터의 『자본주의, 사회주의, 민주주의』(1942)에서 정식화되어 정치학에 절대적인 영향을 끼쳐왔다. 민주주의의 필요 최소한의 조건을 보여주고 있다는 의미에서 이 정의는 '민주주의의 최소 정의'라 불리기도 한다. 권력자가 선거에 패배하여 퇴장할 가능성이 있는가, 없는가. 어떤 나라가 민주주의 국가인지를 판정하는 기준은 그것뿐이다. 선거를 통한 정권 교체를 가능하게 하는 결사의 자유나 언론의 자유가 보장된다면 그 나라는 민주주의 국가로 분류된다.

슘페터의 논의는 권위주의 체제와 민주주의 체제를 구별할 때 굉장히 편리하다. 예컨대 일본의 국정 선거에서는 거의 항상 자민당이 이기지만, 1993년과 2009년의 총선거처럼 야당이 정권을 탈취하는 일도 있다. 대만에서는 국민당과 민진당 사이에서 정권 교체가 되풀이되고 있고, 한국에서도 보수계와 진보계 정당 사이에서 주기적으로 정권 교체가 일어나고 있다. 이에 비해 중국의 공산당이나 싱가포르의 인민행동당은 정권을 장악한 이래 한 번도 야당으로 전락한 적이 없다. 이 구별에 따르면 일본, 대만, 한국은 민주주의 체제이고, 중국과 싱가포르는 권위주의 체제다.

이 사고를 염두에 두면 윌슨이 했던 연설의 의미를 알 수 있다. 미국에서는 민주당과 공화당 중 어느 쪽 후보자든 대통령에 선출될 수 있는 것에 비해, 독일에서는 제국의회 선거의 결과가 어떻게 되든지 간에 황제나 재상이 바뀌지 않는다. 그것이 미국을 민주주의 국가, 독일을 권위주의 국가로 분류하는 기준이 된다. 반대로 말하면 이 민주주의의 정의에 따르는 한, 여성이 참정권을 인정받고 있는지 어떤지는 그 나라의 정치체제를 분류할 때 상관이 없다. 그렇기에 윌슨은 페미니스트들의 비난을 받게 되었다.

민주주의 의미의 변용

더욱 넓은 각도에서 보면 슘페터의 이 논의는 민주주의라는 말의 의미를 크게 전환하는 것이었다. 원래 고대 그리스에서 태어난 민주주의라는 말은 '인민의 지배'를 의미했다. 그리고 그 후 정치학의 역사에서 한 사람의 군주가 통치하는 왕정이나 소수 엘리트가 지배하는 귀족정 등의 개념과 대비하여 쓰였다. 이에 비해 슘페터의 민주주의 정의에는 누가 지배자인가를 나타내는 표현이 포함되지 않았다.

여기에는 현대 민주주의 구조에 대한 냉철한 견해가 나타나 있다고 말할 수 있을 것이다. 현대 민주주의는 고대 그리스의 도시국가가 채택했던 직접민주주의가 아니라 대의제 민주주의다. 국회의원이나 대통령을 선택할 때를 제외하고 유권자가 자신의 의견을 표명하고 의사 결정에 관여할 기회는 기본적으로 없다. 실제로 지배하고 있는 것은 정치인이지 시민이 아니다. 윌슨의 시대에는 여론조사가 기술적으로 확립되어 있지 않아, 선거 시점을 제외하면 정치인이 자신의 정책에 대한 유권자의 찬부를 구체적인 숫자로 알 방법이 없었다. 다시 말해 언뜻 보기에 비슷한 것처럼 보이는 직접민주주의와 대의제 민주주의는 사실 전혀 다른 작동 원리에 기초해 있다. 미국이나 영국이라는 '민주주의 국가'에서 슘페터가 발견한 것은 '인민의 지배'가 아니라 선거를 통한 '엘리트의 경쟁'이었다.

그러나 슘페터의 시점에서 보면 의문이 떠오르기도 한다. 인구절반의 참정권을 인정해주지 않는 나라의 정치체제를 어떻게 민주주의라고 부를 수 있을까. 슘페터는 민주주의 국가라 불리는 미국에서 행해지고 있는 정치 구조에 맞추어서 민주주의를 다시 정의한 것에 불과한 것이 아닐까. 그것은 흑을 백이라고 바꿔 말하는 것과 같다. 오히려 미국은 민주주의 국가라고 부를 만하지 않다고 단언

해버리는 것이 민주주의를 정의할 때 더 가치 있는 게 아니었을까.

'폴리아키'로서의 민주주의

슘페터의 민주주의 개념에 대한 비판을 진지하게 받아들인다면 논의에 대한 접근법을 바꿀 필요가 있다. 다시 말해 미국의 체제를 민주주의로 정의한 후 거기서 민주주의의 특징을 추출하는 것이 아니라, 민주주의를 먼저 정의하고 그 정의에 기초하여 미국의 정치체제가 민주적인지 어떤지를 판단하는 것이다. 이러한 접근법을 택한 것으로는 다음 학설이 유명하다.

[폴리아키]

66 민주주의란 시민의 의견이 평등하게 정책에 반영되는 정치체제를 가리킨다. 오늘날 세계의 다양한 정치체제 중에서 상대적으로 민주주의 체제에 가까운 것을 폴리아키(polyarchy, 다두정)라고 한다. 폴리아키는 보통선거권을 부여하는 '참여'와, 복수 정당에 의한 경쟁적인 선거를 인정하는 '이의 제기'라는 두 가지 요소로 구성되어 있다. 이의 제기할 기회는 있어도 폭넓은 참여를 인정하지 않는 체제를 경쟁적 과두제라고 한다. 반대로 참여를 인정해도 이의 제기할 기회가 없는 정치체제를 포괄적 억압 체제라고 한다. 99

로버트 달은 『폴리아키』(1971)에서 대략 이렇게 말한다. 폴리아키란 '복수의 지배'를 의미하는 조어이고 민주주의와는 구별된 개념이다. 슘페터의 방법과 비교하면 달의 방법은 개념과 현실의 관계가 거꾸로 되어 있다는 사실을 알 수 있을 것이다. 여기서는 민주주의가 미국이나 영국의 정치체제와는 독립적으로 정의되어 있다. 그리고 슘페터와는 달리 보통선거를 민주주의의 구성 요소로 본다.

폴리아키가 두 개의 요소로 구성된 개념인 이상, 그것으로 향하는 길도 두 가지다.

첫째는 경쟁적 과두제하에서 선거권이 확대되는 '포괄화'다. 영국에서는 1832년 제1회 선거법 개정으로 도시 중산계급 남성에게 선거권이 확대된 것을 시작으로 1918년까지 단계적으로 재산 제한이 철폐되었다. 그리고 1918년 여성참정권도 부분적으로 해금되었고, 1928년에는 성인 전체에게 선거권이 주어졌다. 미국에서는 건국 후 이른 시기부터 백인 남성에게 보통선거권이 주어졌고, 1920년 여성참정권이, 1960년대에는 아프리카계 시민의 선거권이 인정되었다.

둘째는 포괄적 억압 체제하에서 정당 간 경쟁이 허용되는 '자유화'다. 구소련을 중심으로 하는 냉전하의 공산주의권, 군사독재 체제하의 라틴아메리카 국가들, 아시아·아프리카의 구 식민지 국가들 등 먼저 보통선거권을 도입했던 국가들은 1980년대부터 정당

간 경쟁을 자유화했다.

일본은 포괄화와 자유화가 동시에 진행된 사례에 해당한다. 다시 말해 1890년 제국의회가 설립된 시점에는 직접 국세 15엔 이상을 납부한 만 25세 이상의 남성에게 선거권이 주어졌다. 하지만 서서히 납세 요건이 철폐되고 1925년에는 만 25세 이상의 남성에게 보통선거권이 주어졌다. 한편 1885년에 창설된 내각제도하에서는 처음에 제국의회 선거의 결과가 아니라 원로의 협의에 따라 천황이 내각 총리대신을 임명했다. 하지만 1918년에는 입헌정우회의 하라 다카시 총리 아래에서 처음으로 본격적인 정당 내각이 성립했다. 1924년 호헌 3파 내각에서는 중의원 제1당의 당수를 총리로 임명하고, 그 정권이 무너진 후에는 야당 제1당으로 정권을 교체하는 '헌정의 상도(憲政の常道)'가 관행으로 성립한다. 이 다이쇼 데모크라시 시대는 1930년대에 군국주의 체제가 성립됨에 따라 종언을 고한다. 하지만 1945년의 패전을 계기로 정당 간 경쟁이 자유화되고 여성참정권이 인정되었다. 이 단계에서 일본은 폴리아키가 되었다.

달의 정치체제 분류는 슘페터의 분류에 비하면 여성참정권을 폴리아키의 최소 조건으로 한다는 점에서 상대적으로 젠더 관점을 갖고 있다. 폴리아키가 민주주의 그 자체가 아니라고 한다면, 1917년의 미국처럼 여성참정권이 빠져 있는 체제는 폴리아키에도 못 미치므로 더더욱 민주주의라고 부를 수 없을 것이다.

그렇다면 폴리아키는 어느 정도 민주적일까. 남성과 여성의 의견을 얼마나 평등하게 정책에 반영할까. 이 문제에 대해 생각하면 새로운 질문에 부딪힌다.

여성 없는 폴리아키

로버트 달의 시대, 폴리아키 아래서 이루어진 선거에는 뚜렷한 특색이 있었다. 당선자가 대부분 남성이었던 것이다.

표 2-1은 달의 『폴리아키』에서 다루고 있는 국가 중에서 대표적인 폴리아키와 포괄적 억압 체제를 골라내고, 그러한 나라의 여성 의원 비율을 보여주고 있다. 구체적으로는 보통선거권을 도입한 국가 중에서 이의 제기의 기회가 가장 많은 나라들과 가장 적은 나라들을 골라 1971년 시점에서 의회 하원의 여성 의원 비율을 집계했다.

| 표 2-1 폴리아키와 포괄적 억압 체제에서 여성 의원의 비율(1971년) |

폴리아키		포괄적 억압 체제	
국명	여성 의원	국명	여성 의원
벨기에	2.8(%)	알바니아	27.2(%)
덴마크	17.3	불가리아	18.8
아일랜드	16.5	동독	31.8
룩셈부르크	3.6	몽골	21.9
네덜란드	8.0	루마니아	14.4
노르웨이	9.3	북베트남	29.8
스웨덴	14.0		

출전: V-Dem Version 9 및 로버트 달(1981), 268~271쪽을 바탕으로 필자가 작성

이 표를 보면 폴리아키에서의 여성 의원 비율은 포괄적 억압 체제에서의 여성 의원 비율에 비해 전반적으로 낮다. 아무런 설명도 듣지 않고 이 표를 본 사람이 폴리아키를 '남성 정치인이 지배하는 정치체제'라고 느껴도 이상하지 않을 것이다.

다시 말해 폴리아키에 의해 실현되는 것은 기껏해야 남성의 정치적 평등이다. 그런데 『폴리아키』에서는 이 문제를 전혀 언급하지 않았다. 거기에는 달의 시대에는 오늘날처럼 각국의 여성 의원 비율을 쭉 훑어볼 수 있는 자료가 존재하지 않았다는 사정도 있을 터이다. 하지만 권력을 쥐는 것이 남성이라는 사실이 적어도 당시의 남성에게는 당연했다는 사정도 있을지 모른다.

여기서 달의 폴리아키 개념이 슘페터가 말하는 민주주의의 최소 정의와 공유하는 특징이 보인다. 그 특징이란 정치 지도자의 책무성(accountability)을 중시한다는 데 있다. 책무성이란 정치 지도자의 실정에 대해 책임을 묻는 것을 의미한다. 독재 체제하에서는 선거를 통해 지도자가 책임을 추궁당하는 일이 없기 때문에 바람직하지 않은 정책을 선택하는 것에 대한 억제력이 약하다. 경쟁적인 선거에는 권력의 폭주를 억제하는 기능이 기대되는 것이다.

한편 폴리아키라는 개념은 슘페터가 말하는 민주주의의 최소 정의와 마찬가지로 굉장히 중요한 요소를 결여하고 있다. 그것은 대표(representation)라는 요소다. 오늘날의 민주주의가 대의제 민주주의(representative democracy)라 불리는 것은, 어떤 의미에서 정치인이 유권자를 대표하고 있음을 드러낸다. 그런데 아주 흥미롭게도 이 말은 슘페터의 민주주의 정의에도, 달의 폴리아키 정의에도 포함되어 있지 않다. 그 이유를 생각하기 위해서는 대표라는 말의 의미를 마음에 새겨둘 필요가 있다.

2

대표란
무엇인가

◇◇

대표의 의미

예컨대 "정치인이 자신의 지지자들을 대표하고 있다"는 문장의 의미를 생각해보자. 먼저 떠오르는 것은 '정치인이 자신에게 투표한 유권자들의 의견에 따라 입법 활동을 하고 있다'는 의미가 아닐까. 정치인이 이런 의미에서 유권자를 대표할 경우 좌파적인 유권자가 많은 선거구에서 선출된 의원은 좌파적인 정책을 내세우고, 우파적인 유권자가 많은 선거구에서 선출된 의원은 우파적인 정책을 내세울 것이다. 이런 사고를 의회 전체에 적용하면 틀림없이 유권자 사이의 의견 분포가 국회의원 사이의 의견 분포와 겹치는지 아닌지가 정치체제의 특징을 판단할 때 중요한 기준이 될 것이다. 이런 의미에서의 대표를 일반적으로 실질적 대표(substantive representation)라고 한다.

슘페터의 민주주의 개념의 특징은, 이런 형태의 실질적 대표가 불가능하다는 인식하에서 대표라는 사고 자체를 단적으로 민주주의 정의에서 제외한 데 있다. 그리고 그러한 태도는 달의 폴리아키 개념에도 계승되어 있다. 폴리아키가 폴리아키인 까닭은 어디까지나 보통선거가 경쟁적으로 이루어지고 있다는 데 있다. 가령 유권자의 의견이 입법에 반영된다고 해도 그것은 폴리아키의 귀결이지 정의 그 자체는 아니다.

이상과 같은 실질적 대표라는 사고와 달리 '그 정치인이 자기 지지자들의 사회적 속성과 같은 속성을 갖고 있다'는 의미에서의 대표 개념이 있다. 이런 의미에서 정치인이 유권자를 대표하는 것이라면 경영자가 경영자를, 노동자가 노동자를 대표하고 민족적 다수파가 민족적 다수파를, 민족적 소수파가 민족적 소수파를 대표한다. 그리고 남성이 남성을, 여성이 여성을 대표할 것이다. 대표성을 확보한 의회란 의회의 구성이 계급, 젠더, 민족 등의 요소에 비췄을 때 사회의 인구 구성을 정확히 반영하고 있는 것이다. 이러한 의미에서의 대표를 묘사적 대표(descriptive representation)라고 한다.

묘사적 대표 역시 슘페터나 달의 논의에서는 중시되지 않았다. 첫째로 정치인은 어떤 의미에서 유권자에 비해 높은 능력이 기대되는 이상, 선거에 의한 지도자의 선발을 묘사적 대표와 양립시키는 데에는 한계가 있다. 또한 경쟁적인 선거가 이루어진다는 것 자체가 묘사적 대표의 확보와 반드시 양립하지는 않는다. 이러한 사정이 있어서인지, 대표 개념을 둘러싼 대립은 종래의 많은 정치학 교과서에 등장하지 않는다.

이념의 정치에서 존재의 정치로

하지만 젠더 관점에서 본다면, 묘사적 대표가 확보되는 것은 정치에서 결정적으로 중요한 역할을 한다. 남성만이 의석을 차지하는 의회는 여성을 대표하는 것이 불가능하다. 여성을 적절하게 대표하기 위해서는 일정한 수 이상의 여성 의원이 필요할 것이다. 앤 필립스는 『존재의 정치』(1995)에서 이러한 사고에 기초한 정치를 존재의 정치(politics of presence)라고 불렀다. 유권자는 자신이 좋아하는 공약을 내거는 정당에 투표하고, 정당은 그 공약에 따라 정책을 실행한다는 의미에서 이념의 정치(politics of ideas)로는 불충분한 것이다.

왜 존재의 정치가 필요한 것일까. 그것은 묘사적 대표 없이 실질적 대표를 확보할 수 없기 때문이다. 첫째로 선거전에서 정당 간에 쟁점이 되는 것은 다양한 정책 쟁점 중 극히 일부에 지나지 않는다. 그것 이외의 쟁점에 관한 의사 결정에서는 정치인이 폭넓은 재량을 행사하게 된다. 그 경우 여성으로서는 같은 경험을 공유하는 여성 정치인이 남성 정치인에 비해 자신의 의견을 더 잘 반영한다고 상정할 수 있다.

둘째로 그때까지 쟁점화되지 않은 문제를 쟁점화할 수 있는 것도 바로 여성의 경험을 공유하는 여성 정치인이 존재하기 때문이다. 많은 여성들이 관심을 가지는 문제는 남성이 관심을 갖기 쉬운 쟁점 뒤에 가려져 오랫동안 정치 쟁점에서 제외되었다. 종래는 감춰져 있던 쟁점이 떠오름으로써 여성의 의견도 남성의 의견과 마찬가지로 정치에 반영될 것이다. 이 묘사적 대표와 실질적 대표의 인과 관계에 대한 필립스의 가설은 오늘날까지 수많은 연구를 생산해왔다.

이렇게 생각하면 대표자의 남녀 비율이 균등에 가까워질수록 그 정치체제는 민주적이라고 생각할 수 있다. 여성이 너무 많아도, 남성이 너무 많아도 그 정치체제는 민주적이라고 말할 수 없을 것이다. 젠더 관점에서 바라보면 대의제 민주주의를 표방하는 기존 정치체제에 대한 평가도 종래와는 크게 달라진다.

여성참정권과 여성 의원

정치학에서 남성에 의한 지배는 오랫동안 당연한 일로 받아들여져 왔다. 시민 전원의 참여에 기초한 직접민주주의가 행해졌던 고대 그리스의 도시국가에서는 여성에게 시민권이 없었고, 따라서 의사결정에 참여할 수 없었다. 대의제 민주주의가 생겨난 유럽에서도 참정권은 오랫동안 남성이 장악했고 여성은 거기에서 배제되어왔다.

그 후 여성참정권의 획득이 분명히 한 것은, 폴리아키 아래에서도 정치는 계속해서 남성이 지배한다는 사실이었다. 설령 선거권이 남성과 여성 양쪽에 주어져도 정치인을 선택할 때는 남성 후보자를 선출한다. 다시 말해 선거권의 획득은 남녀 평등한 민주주의를 위한 필요조건이기는 해도 충분조건은 아닌 것이다. 그것은 보통선거권을 획득한 페미니스트들에게 큰 실망을 맛보게 했다.

이 점을 그래프에서 시각적으로 확인해보자. 그림 2-1은 일본, 영국, 미국 3개국에서 여성참정권이 도입된 해와 의회 하원에서 여성 의원이 차지하는 비율의 추이를 보여준다.

| 그림 2-1 여성참정권의 도입과 여성 의원의 비율 |

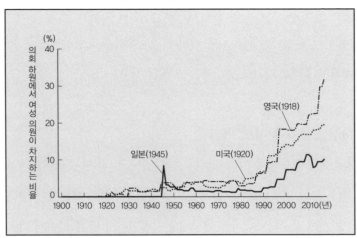

주: ( )는 여성참정권이 도입된 해
출전: V-Dem Version 9를 바탕으로 필자가 작성

미국에서는 여성참정권이 도입된 1920년부터 제2차 세계대전 후까지 여성 의원이 거의 탄생하지 않았고, 그 후 1980년대에 이르기까지 여성 의원 비율은 5퍼센트 정도였다. 영국에서는 1918년 제4차 선거법 개정에서 남성 보통선거에 맞춰 여성참정권을 부분적으로 해금하고, 1928년에 남녀 평등한 선거권이 실현되었다. 그러나 영국 역시 1980년대까지 여성 의원의 비율은 5퍼센트 정도에 그쳤다.

일본의 경우 1945년 여성참정권이 도입되었다. 이듬해의 총선거에서는 공직 추방으로 많은 현직 의원이 모습을 감추기도 해서 여성 의원이 39명 당선함으로써 의석의 8.4퍼센트를 차지했다. 하지만 그 이후 여성 의원은 급속하게 모습을 감추고 1990년경까지 거의 늘어나지 않았다. 오늘날에도 중의원의 여성 의원 비율은 1946년과 그리 다르지 않다.

자유화의 귀결

표준적인 정치학 교과서에서는 정치적 경쟁의 자유화를 통해 폴리아키가 성립되면 정치적 자유가 보장된다는 의미에서 바람직한 귀결을 가져온다고 여긴다. 그러나 젠더 관점에서 보면 일률적으로 평가할 수는 없다. 왜냐하면 자유화가 여성의 대표성 향상으로 이어질지 말지는 새롭게 참여하는 정치 세력이 종래의 지배자층에 비해 남녀평등 지향을 강하게 띠고 있는지 여부에 달려 있기 때문이다.

확실히 남성이 지배하는 정치체제가 자유화되고 남녀평등의 이념을 내세우는 세력이 참여한 경우, 자유화는 여성의 진출을 가져올 것이다. 한국의 경우 민주화 이전에는 여성 의원이 거의 없었으나, 1987년 민주화 이후에 여성운동이 각 정당에 여성의 대표성 향상을 호소하여 2000년대부터는 여성 국회의원 비율이 일본의 중의원을 지속적으로 상회하고 있다. 대만의 경우 국민당의 일당 지배 아래에서 일정한 수의 여성이 입법원에 입법 위원으로 의석을 받고 있었다. 그런데 1990년대에 정치체제의 자유화가 진행되는 가운데 야당인 민진당이 여성운동과 제휴함으로써 여성 의원의 기용이 급속히 진행되었다. 그 결과 오늘날에는 여성이 의원의 40퍼센트 가까이를 차지하고 있다. 제4장에서 더 자세히 다루겠지만, 이는 젠더 쿼터가 여성 의원의 증가를 뒷받침한 사례다.

하지만 민주화 이후에 참여한 세력이 남성 우월주의적인 지향을 가진 경우라면 오히려 여성의 퇴장이 촉진되고 만다. 특히 구 공산권인 중유럽과 동유럽에서는 1989년 베를린 장벽의 붕괴와 냉전 종결을 계기로 각국에서 공산당의 일당 지배가 붕괴하는 가운데 여성 의원의 비율이 극적으로 내려갔다. 공산주의 체제하에서 활발했던 여성의 사회 진출에 대한 반동으로 가정에서 여성의 역할을 강조하는 가치관이 널리 퍼졌으며, 새롭게 등장한 정당은 모두 남성 후보자를 우선적으로 내정했다.

그림 2-2는 소련과, 소련 붕괴 후에 설립된 러시아, 우크라이나, 폴란드, 헝가리에서의 여성 의원 비율의 추이를 보여준다. 표에 나타난 모든 나라가 공산당이 건재했던 냉전기에는 여성에게 비교적 많은 의석을 배분했으나, 냉전 종결에 따라 정치체제가 자유화되면서 여성 의원의 수가 극적으로 감소했음을 알 수 있다.

이렇게 보면 폴리아키 자체는 여성을 남성과 평등하게 대표하는데 그다지 도움이 안 된다는 것을 알 수 있다. 적어도 남성 우위의 젠더 규범이 작동하는 환경 아래에서 정당 간의 자유 경쟁은 사실상 남성 간의 경쟁이 된다. 그것은 경쟁을 일체 인정하지 않는 독재

| 그림 2-2 구 공산권의 자유화와 여성 의원의 비율 |

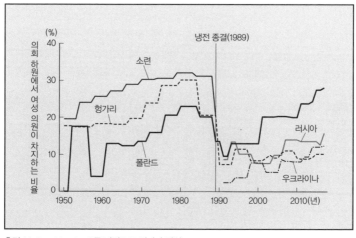

출전: V–Dem Version 9를 바탕으로 필자가 작성

체제에 비하면 민주적인 정치체제일지도 모르겠지만, 시민 사이의 평등을 취지로 하는 민주주의의 이상과는 다소 멀리 떨어져 있다.

젠더 관점에서 정치체제를 재검토해보면 지금까지 민주주의라고 불러온 정치체제에 대한 평가가 크게 바뀐다. 그리고 정치체제의 역사나 민주주의의 역사를 재검토할 계기를 제공한다.

3

민주화의 역사를
돌아본다

◇◇

세 개의 물결

다양한 나라의 역사를 배우면 그 정치체제가 오랜 기간에 걸쳐 크게 변해왔음을 알 수 있다. 예컨대 일본에서 메이지유신이 일어난 1868년경의 세계에 대해 생각해보자. 그 시기 일본과 가까운 이웃 나라로는 조선 왕조와 청 왕조가 건재해 있었다. 서양 국가들을 보면 영국에서는 1867년 제2차 선거법 개정으로 도시 노동자 대부분이 선거권을 획득했지만 농촌 노동자는 선거권을 얻지 못했다. 프랑스는 나폴레옹 3세의 제2제정, 러시아는 로마노프 왕조 시대에 해당한다. 독일 제국은 아직 성립하지 않았고, 이탈리아 왕국은 성립한 지 불과 몇 년밖에 지나지 않았다. 미국에서는 남북전쟁이 끝나고 링컨 대통령이 암살을 당했으며, 남부의 재건이 막 시작되었다. 그리고 여성참정권을 인정하는 나라는 한 곳도 없었다. 많은 나라가 폴리아키가 된 오늘날의 세계와 19세기의 세계는 서로 멀리 떨어진 것처럼 보인다.

그렇다면 세계적으로 볼 경우, 정치체제의 민주화는 언제쯤부터 어떻게 진행되었을까. 민주주의 체제의 역사를 살펴볼 때는 다음의 학설이 소개되는 일이 많다.

[민주화의 세 물결]

❝ 새뮤얼 헌팅턴의 『제3의 물결』(1991)에 따르면, 지금까지의 세계사에서 민주화의 국제적인 '물결'은 세 번 일어났다. 제1의 물결은 19세기에 전개되고 제1차 세계대전으로 후퇴했다. 제2의 물결은 제2차 세계대전 후에 시작되고 1960년대에 후퇴했다. 제3의 물결은 1970년대 중반에 시작되어 전 세계로 퍼졌다. 1990년대의 구 공산권 붕괴와 2011년 아랍의 봄으로 서아시아의 권위주의 체제가 뒤흔들린 일을 거쳐 현재 그 반동이 찾아오고 있는지 어떤지에 대해서는 아직도 논의가 이루어지고 있다. ❞

어떤 시기에는 민주화가 진행되고 다른 시기에는 반동이 일어난다. 이 학설은 민주화가 자연스럽게 진행된다고 생각하는 소박한

낙관론을 경계할 때는 무척 풍부한 함축성을 갖고 있다고 할 수 있다. 또한 한 나라의 역사를 좇아가는 것만으로는 조망할 수 없는 넓은 시야를 준다는 점에서도 높은 평가를 받는 학설이다. 하지만 제2장에서 지금까지 검토한 바에 따르면 민주주의라는 개념은 다루기가 무척 어렵다. 헌팅턴이 말하는 민주주의란 대체 무엇을 가리키는 걸까. 세 번에 걸쳐 밀려왔다 후퇴한 물결이란 어떤 것일까. 이 논의의 세부를 검토해가면 헌팅턴의 논의에 숨어 있는, 생각지도 못한 함정이 분명해진다.

우선 민주화의 시발점을 검토해보자. 헌팅턴에 따르면 민주화의 첫 번째 물결은 1828년 미국에서 시작되었다. 민주주의의 기원을 18세기 말의 미국독립혁명이나 프랑스혁명에서 찾는 일반적인 이미지에 익숙해 있다면 헌팅턴의 서술에 대해 약간 의외라고 느낄지도 모른다. 1828년이란 미국의 거의 모든 주에서 백인 남성의 보통선거가 확립된 해다. 이른바 잭슨 민주주의*의 해에 해당한다. 이 해가 민주화 물결의 시발점이 되는 것은, 그것이 헌팅턴이 말하는 민주주의의 기준을 처음으로 충족시키는 케이스이기 때문이다. 그 기준은 두 가지다.

---

* 미국의 대통령이었던 앤드루 잭슨이 추구했던 정치사상으로, 참정권의 확대와 자유방임주의적 경제 제도를 원칙으로 한다.

① 성인 남성의 50퍼센트가 선거권을 갖고 있을 것.

② 집정부(執政部)가 의회 다수파의 지지에 기초해 있거나 정기적
　인 선거를 통해 뽑힐 것.

이 기준을 충족시키는 나라의 수를 연대별로 헤아려 집계하면 역
사적으로 세 개의 물결이 나타난다는 것이 헌팅턴의 논리다.

여기서 위화감이 생긴다. 민주주의를 폴리아키로서 정의한다면
보통선거권은 그 필수 조건일 것이다. 그렇다면 '성인 남성의 50퍼
센트'라는 기준은 아무래도 어중간하게 보인다. 왜 '모든 성인'이 아
닌 걸까. 결국 아프리카계 미국인과 여성이 아직 선거권을 획득하
지 못한 1828년의 미국을 최초의 민주주의로 분류하기 위한 기준
이 아닐까 하는 의심이 생긴다.

파멜라 팩스턴은 헌팅턴의 논의가 가진 문제점을 일찌감치 알아
채고 비판을 전개했다. 그의 비판에 따르면 헌팅턴의 '세 개의 물결'
은 여성참정권을 제외한 정치체제의 분류에 기초해 있다. 그것은
민주화의 역사를 보는 시각을 크게 왜곡시켜왔을 가능성이 높다.

여기서는 여성참정권을 고려함으로써 구체적으로 무엇이 변하
는지를 봐두자. 표 2-2에는 미국이 여성참정권을 도입한 1920년 이
전에 여성참정권을 도입한 나라들의 목록이 나타나 있다. 세계 최
초로 국정에서 여성참정권을 인정한 것은 1893년 뉴질랜드이고,

| 표 2-2 여성참정권을 먼저 도입한 국가 |

도입한 해	국명
1893	뉴질랜드
1902	호주
1906	핀란드
1913	노르웨이
1915	덴마크, 아이슬란드
1917	캐나다
1918	오스트리아, 에스토니아, 조지아, 독일, 아일랜드, 키르기스스탄, 라트비아, 폴란드, 러시아, 영국
1919	벨기에, 벨라루스, 케냐, 룩셈부르크, 네덜란드, 스웨덴, 우크라이나

출전: Paxton and Hughes(2017), 52쪽을 바탕으로 팔자가 작성

여성의 피선거권을 최초로 인정한 것은 1906년 핀란드다. 목록의 상위에는 영국의 식민지나 유럽의 소국이 늘어서 있고, 서구 열강에서 최초로 여성참정권을 도입한 것은 제1차 세계대전 중 혁명으로 제정이 붕괴된 러시아다. 표준적인 교과서에서 민주주의를 먼저 실시한 나라라고 언급하는 프랑스와 스위스는 보이지 않는다. 영국이 1918년에 도입한 여성참정권에는 남성보다 엄격한 재산 제한과 연령 제한이 있었고, 남성과 같은 수준에 도달한 것은 1928년이었다. 프랑스는 1944년, 스위스는 1971년까지 여성참정권을 도입하지 않았다. 다시 말해 성인 남성의 과반수가 이른 시기에 선거권을 획득한 나라라고 해서 여성도 이른 시기에 선거권을 획득했던 것은 아니다.

물론 민주주의를 정의하는 일은 많든 적든 자의적인 측면을 갖는다. 중요한 것은 그것이 누구의 관점에서 본 민주주의인가를 명확히 하는 일일 것이다. 남성의 선거권을 기준으로 한 민주주의 역사와 여성참정권까지 포함한 민주주의 역사는 다른 패턴을 그릴 것임이 틀림없다. 헌팅턴의 민주주의 역사는 이른바 '백인 남성의 민주주의' 역사다. 다른 관점에서 본 민주주의 역사는 거기에 나타나지 않는다.

여성참정권을 결여한 민주주의 지표

팩스턴이 지적한 헌팅턴의 논의가 가진 결점은 사실 정치학에서의 민주화 연구가 안고 있는 일반적인 문제다. 각국의 정치체제가 얼마나 민주적인지를 측정하는 작업은 그동안 다양한 연구자에 의해 이루어져왔다. 그리고 여성참정권을 민주주의의 기준에서 제외하는 것은 오랫동안 통례가 되어왔다.

다양한 민주주의 지표 중에서도 오늘날 정치학에서 가장 널리 이용되는 것은 폴리티 지표(Polity Score)일 것이다. 이 지표는 지도자 선출 방법의 경쟁성과 정치 참여의 개방성에 관한 다섯 가지 지표를 합계하고, 1800년 이후 세계 각국의 정치체제를 1년 단위로 -10에서 +10까지 21단계로 분류한 것이다. 정치적 경쟁과 선거권 범위라는 두 가지에 기초하여 민주주의 정도를 측정한다는 의미에서 이

지표는 언뜻 보면 로버트 달의 폴리아키 개념과도 통하는 데가 있
다. 정치학자들 사이에서는 지표의 수치가 +6 이상이면 민주주의
체제로 분류하는 경우가 많다.

그렇다면 이 지표는 어떻게 각국 정치체제를 분류하고 있을까.
그림 2-3은 미국, 뉴질랜드, 일본, 한국에 대해 19세기 이후 폴리티
지표의 추이를 보여준다. 이 그림에는 민주주의를 먼저 실시한 나
라인 미국을 다른 나라들이 따라잡은 역사가 드러나 있다. 미국은
19세기 전반부터 거의 일관되게 고도의 민주국가로 분류되었다. 뉴
질랜드도 19세기 전반에 영국의 식민지로서 내정 면에서의 자치를
인정받은 이래 1907년 자치령으로 이행하고 1947년의 독립을 거

| 그림 2-3 여성참정권의 도입과 폴리티 지표 |

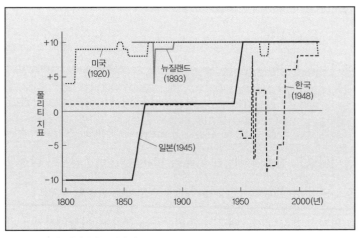

주: (　　)는 여성참정권이 도입된 해
출전: V-Dem Version 9를 바탕으로 필자가 작성

쳐 역시 거의 일관되게 고도의 민주국가로 분류되었다.

이에 비해 일본에서 도쿠가와 정권 시기는 -10의 권위주의 체제였다가 메이지유신 후에 +1의 권위주의 체제로 이행했고, 1945년 패전을 계기로 +10의 민주주의 체제로 분류되었다. 한국은 19세기의 조선왕조 시대부터 대한제국 시기까지는 메이지 정부와 같은 정도의 권위주의 체제로 간주되었다. 일본의 식민지 지배에서 해방된 후 단독 선거로 대한민국 정부가 수립된 1948년 이후의 기간도, 1960년 이승만 정권을 타도한 4월 혁명 때 일시적으로 +8의 민주국가로 분류된 것을 제외하면 1980년대에 민주화가 이루어질 때까지 권위주의 체제로 분류되었다. 특히 대통령의 다선 금지 규정이 철폐되어 박정희의 독재가 강화된 1972년 이후 유신 체제 시기는 극히 억압적인 체제로 자리매김된 것을 알 수 있다.

하지만 이 지표에서는 여성참정권이 전혀 고려되지 않았다. 미국에서 여성참정권이 도입된 것은 1920년, 뉴질랜드에서는 1893년이었다. 하지만 어느 나라나 그 이전부터 이미 +10의 민주국가였다. 일본에서는 1945년 정치체제가 자유화됨과 동시에 여성참정권이 부여되었고, 한국에서는 해방 후인 1948년의 첫 선거부터 여성참정권이 인정되었지만 그것이 지표에 준 영향은 판별할 수 없다.

이처럼 폴리티 지표에 기초한 민주주의 분류는, 여성참정권을 최소한의 조건으로 하는 폴리아키의 개념과 크게 다르다. 폴리아키 개념 자체는 정치학자들 사이에서도 널리 받아들여졌지만, 그것을 실제로 현실 사례에 적용시킬 때는 그 정신이 계승되지 않았던 것이다.

여성참정권을 포함한 민주주의 지표

지난 몇 해 사이 종래보다는 폴리아키의 정의에 충실한 지표가 만들어졌다. '다양한 민주주의(V-Dem) 프로젝트'는 수천 명의 각국 정치 전문가를 대상으로 한 설문 조사를 기초로 1800년 이후 세계 각국의 정치체제를 평가하는 다수의 지표를 작성했다. 그 중심적 지표인 폴리아키 지표(Polyarchy Index)는 선거 민주주의 지표(Electoral Democracy Index)라고도 불리는데 선거의 공정함, 의회에 대한 집정부의 책무성, 결사의 자유, 표현의 자유, 참정권을 가진 시민의 비율, 이 다섯 개의 지표를 합성한 것이다.

폴리아키 지표는 0에서 1 사이의 수치로 나타내는데, 여성참정권이 인정되면 그만큼 높아진다. 그러므로 이 지표를 사용하면 폴리티 지표와는 다른 민주주의의 모습이 보인다.

예컨대 그림 2-4는 그림 2-3과 같은 4개국의 폴리아키 지표를 시계열로 비교한 그래프를 보여준 것이다. 이 그림에 따르면 미국은 더이상 민주주의 선발국이 아니다. 미국의 지표는 19세기 거의 모든 기간 동안 0.3에서 0.4 정도를 유지하다가 20세기에 들어선 뒤

| 그림 2-4 여성참정권의 도입과 폴리아키 지표 |

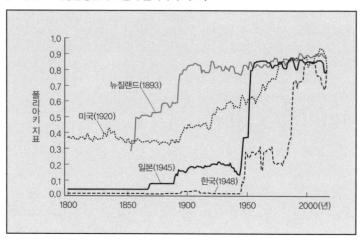

주: (   )는 여성참정권이 도입된 해
출전: V-Dem Version 9를 바탕으로 필자가 작성

에 상승을 시작하여 1970년대 말에 이윽고 0.8 정도의 수준에 도달
했다. 이에 비해 뉴질랜드는 19세기 후반에 이미 0.5에 도달했고,
1900년에는 0.8까지 지표가 올랐다.

　이 그래프에서는 먼저 폴리아키가 된 뉴질랜드를 미국이 오랜 기
간에 걸쳐 뒤쫓은 모습을 볼 수 있다. 이러한 경향이 나타난 데에는
다양한 요인이 관련되어 있지만, 참정권의 범위가 중요한 역할을
하고 있다. 뉴질랜드는 1893년, 미국은 1920년에 여성참정권을 도
입했으며 그해에 수치가 현저히 상승했다.

　일본의 자리매김 역시 폴리티 지표의 경우와 다르다. 이 그림을

보면 일본의 폴리아키 지표는 1920년대의 다이쇼 데모크라시[*] 시기에도 0.2 전후로 정체되었다. 그리고 아시아태평양 전쟁으로 향하는 1930년대에 지표가 0.1에 가깝게 떨어졌다가 패전 후인 1950년대에 0.8을 상회하는 수준까지 급속하게 상승하여 뉴질랜드를 따라잡았다. 이에 비해 한국에서는 지표가 오랫동안 0에 가깝다가 해방 후인 1950년대 이승만 정권 시기부터 1960년대 박정희 정권 시기까지 0.3 전후로 움직였다. 1970년대 유신 체제의 성립으로 0.2 정도까지 하락한 후 1980년대 민주화를 계기로 급격하게 상승하여 일본과 같은 정도의 수준에 이른다.

아주 흥미롭게도 1920년대 일본의 다이쇼 데모크라시와 1970년대 한국의 유신 체제는 폴리아키 지표에서 거의 같은 정도의 평가를 받았다. 통상 일본에서는 전전의 다이쇼 데모크라시를 전후 민주주의의 선구로서 높게 평가하는데, 폴리아키 지표는 지극히 낮게 평가했다. 그 배경에는 역시 여성의 선거권 유무의 영향이 있다. 일본에서는 전전에 국내에 거주하는 남성에게만 선거권이 부여되었고 여성참정권은 도입되지 않았다. 그에 비해 한국에서는 해방과 함께 여성과 남성 모두에게 참정권이 부여되었다. 이와 같은 이유

---

[*] 다이쇼(大正, 1912~1926) 시기, 즉 1910년대부터 1920년대에 정치, 사회, 문화 등 각 방면에서 일어났던 민주주의와 자유주의 운동을 총칭하는 말이다. 정치 분야에서는 보통선거를 요구하는 운동과 언론, 집회, 결사의 자유에 관한 운동이 일어났고, 사회 분야에서는 남녀평등, 부라쿠(部落) 차별 해방 운동 등이 있었다.

에서 다이쇼 데모크라시 시기의 일본과 유신 체제 시기의 한국은 같은 정도로 비민주적이었다는 판정이 내려진 것이다.

물론 폴리아키 지표도 만능은 아니다. 그림 2-4는 어디까지나 여성참정권을 고려한 경우에 생기는 세계의 시각 변화를 한 가지 예로서 보여준 것이다. 하지만 폴리아키 지표에 일정한 결점이 있다 하더라도 여성참정권을 고려했다는 점에서 그것이 종래의 지표에 숨어 있는 남성 중심적 측면을 바로잡으려는 시도라는 사실은 분명하다.

뉴질랜드에서 번지는 민주화의 물결

여기서 다시 '민주화의 물결'을 검토해보기로 하자. 그림 2-5는 두 가지 지표를 가는 실선과 점선으로 보여준다. 우선, 가는 실선은 카를레스 보익스가 헌팅턴이 사용한 것과 같은 기준에 따라 세계 각국의 정치체제를 분류한 지표(BMR 지표)다. 이 지표에서는 성인 남성 과반수의 선거권과 경쟁적인 선거가 도입된 나라가 1, 그렇지 않은 나라가 0이 된다. 다시 말해 1인 나라의 수를 집계하면 그 전체적인 추이를 알 수 있게 되어 있다. BMR 지표는 미국을 1800년부터 민주국가로 분류하는 등 그 정의를 실제 사례에 적용하는 단계에서는 헌팅턴과 약간 다른 판단을 한다. 하지만 그 차이는 그다지 크지 않다. 두 번째, 점선이 나타내는 지표는 BMR 지표에서 민주주의로

| 그림 2-5 '민주화의 물결'의 재검토 |

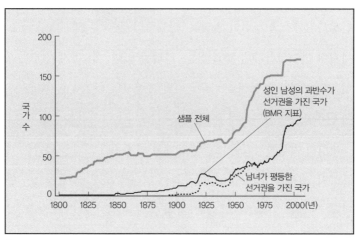

출전: V-Dem Version 9를 바탕으로 필자가 작성

분류된 국가 중 여성에 대해 남성과 동등한 선거권을 인정한 나라만을 집계한 것이다.

이 그래프를 보면 여성의 선거권을 포함시키느냐의 여부에 따라 경향이 달라지는 것을 볼 수 있다. 우선 헌팅턴의 기준에 따라 성인 남성의 과반수가 선거권을 가진 나라인가로 민주주의를 정의하는 BMR 지표에 따르면 확실히 민주화의 세 물결이 관찰된다. 19세기의 중반까지 민주주의 국가는 미국 한 나라이고, 1840년대 말부터 민주국가의 수가 조금씩 늘어나 제1차 세계대전 후인 1918년경에 최초의 정점을 맞이한 후 제2차 세계대전이 시작되기 전까지 하향 곡선을 긋는다. 그런데 여성참정권을 고려한 점선의 추이에 주목하면 또 다른 역사가 나타난다. 즉, 1893년 뉴질랜드가 여성참정권을 인정하기까지 헌팅턴이 말하는 '민주주의 물결'은 생겨나지 않고, 세계에 민주국가라 부를 수 있는 나라는 없다. 제1차 세계대전 때 처음으로 완성된 형태로 민주국가가 출현하고, 제2차 세계대전 후에 민주국가가 급격하게 증가한다.

이처럼 여성참정권을 포함한 형태로 민주주의 개념을 엄밀히 적용하면, 정치학 교과서는 민주주의의 역사를 다시 쓰지 않으면 안 된다. 그 경우 민주주의의 첫 번째 물결은 1828년의 미국이 아니라 1893년의 뉴질랜드에서 시작한다. 이러한 견해는 민주주의의 기원을 미국이나 프랑스에서 찾는 역사관과 어긋나지만, 달이 말하는 폴리아키로서의 민주주의에 대한 정의에는 충실한 것이다.

21세기의 현상인 여성 의원의 진출

그러나 앞에서 살펴봤듯이 폴리아키의 개념은 남녀 대표성의 불평등을 헤아리지 못한다는 결점을 갖고 있다. 민주주의의 조건으로서 대표라는 요소를 중시한다면 여성에게 선거권뿐 아니라 피선거권도 주어져 남성과 같은 정도의 의석을 차지하는 정치체제가, 남성 의원이 의석 대부분을 차지하는 정치체제보다는 더 민주적일 것이다. 이런 관점에서 보면 폴리아키 아래에서 여성 의원의 진출이야말로 민주주의 확산의 증거가 된다.

1906년 핀란드에서는 세계 최초로 여성이 피선거권을 획득하고 이듬해 총선거에서 전체 200개 의석 중 19석을 여성이 차지했다. 여성 의원의 진출은 여기서 시작한다. 그림 2-6은 1900년부터 2015년까지 세계 각국의 의회 하원에서 여성 의원이 차지하는 비율이 일정한 수치를 넘어선 국가의 수를 세 가지 관점에서 보여준 것이다.

첫 번째는 의회 하원에서 여성 의원이 차지하는 비율이 10퍼센트를 상회하는 국가다. 10퍼센트라는 수치는 오늘날 일본 중의원 여성 의원의 비율과 거의 비슷하다. 두 번째는 의회 하원에서 여성 의원이 차지하는 비율이 30퍼센트를 상회하는 국가다. 30퍼센트라는

| 그림 2–6 여성 의원의 진출 |

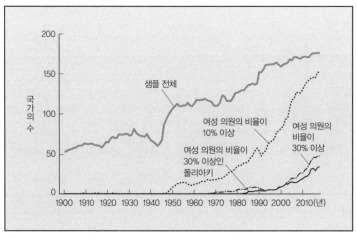

출전: V–Dem Version 9를 바탕으로 필자가 작성

수치는 제1장에서 다룬 것처럼 조직에서 여성이 능력을 충분히 발휘할 수 있는 하한선으로 여겨지는 '크리티컬 매스'로, 각국 정부 기관에서 이용하고 있다. 세 번째는 여성 의원의 비율이 크리티컬 매스를 갖춘 나라 중에서 경쟁적인 보통선거를 한다는 의미에서 폴리아키로 분류되는 국가다. 여기서는 앞에서 소개한 폴리아키 지표의 수치가 0.5 이상인 나라를 폴리아키로 취급한다.

이 그래프를 보면 여성 의원의 진출 경향은 그림 2-5에서 본 폴리아키의 전개와 연동되지 않는다. 여성 의원의 비율이 10퍼센트를 돌파한 국가의 수는 1950년대부터 계속 늘어나 오늘날에는 거의 모든 나라가 이 조건을 충족하고 있다. 그렇지 않은 국가는 30개국 정도다. 이에 비해 여성 의원의 비율이 30퍼센트를 넘는 국가는 그리 많지 않다. 30이라는 수치를 처음으로 돌파한 것은 1960년대 말에 동독과 소련이라는 구 공산권의 권위주의 체제였고, 폴리아키 아래에서 여성 의원의 비율이 30퍼센트를 넘은 것은 1983년의 핀란드가 최초였다. 그런 국가의 수가 본격적으로 늘어나기 시작한 것은 21세기의 현상이다.

이상과 같이 젠더 관점을 도입함으로써 민주화의 역사를 보는 시각은 크게 변한다. 단지 경쟁적인 선거가 이루어지는 것만이 아니라 남성과 여성이 평등하게 대표되는 것을 민주주의의 기준으로 삼는다면, 민주화의 세 물결이 존재했다는 사고 자체가 이미 성립하

지 않는다. 폴리아키에서 더 나아간 민주화는 여성의 의회 진출을
통해 남녀가 대등하게 대표되는 것으로 실현된다. 이런 관점에서
보면 현재야말로 민주화의 '제1의 물결' 위에 있다고 해야 할지도
모른다.

4

민주화 이론과
여성

◇◇◇◇◇◇◇◇◇◇◇◇◇◇◇◇◇◇◇◇◇◇◇◇◇◇◇◇◇◇◇◇◇◇◇

근대화론을 둘러싸고

민주주의를 어떻게 정의하든, 옛날에 비하면 많은 나라에서 민주화
가 진전되었다. 그것은 대체 왜일까. 이 문제에 답하기 위한 이론을
일반적으로 민주화론이라 부른다. 민주화론에서는 다음의 학설이
압도적인 영향력을 가지고 있다.

[근대화론]

66 사회경제적인 구조가 근대화함에 따라 중산계급이 확대되고 빈곤층
이 축소됨으로써 경제적인 대립이 온건해진다. 그 결과 정치적인 분쟁이
억제되고 정권 교체를 수반하는 정치체제로서의 민주주의가 성립되기 쉬

워진다. **"**

이 이론은 슘페터형(型)의 민주주의 성립 조건을 명쾌한 논리로 설명한다. 슘페터가 민주주의 모델로 삼은 영국과 미국은 바로 자본주의를 먼저 발전시킨 나라였다. 그리고 현대 세계의 경향을 봐도 경제 발전이 진행되는 것과 함께 권위주의 체제의 붕괴가 진전된 것으로 보인다.

헌팅턴이 말하는 '제3의 물결'의 시대, 라틴아메리카의 군사독재 체제나 중유럽, 동유럽의 사회주의 체제가 붕괴되는 가운데 민주화 연구는 급속하게 발전했다. 그 과정에서 근대화론의 단순 명쾌한 논리에 대해서는 다종다양한 반론이 이루어졌다. 하지만 오늘날에도 근대화론은 계속해서 온갖 민주화론의 출발점이다. 무엇보다 정치체제가 경제적인 조건에 좌우된다는 사고 자체에 대해서는 널리 합의된 것처럼 보인다. 민주주의는 기독교에 기초함으로써 안정된다는 유럽 중심주의적인 사고나, 민주주의는 유교적 전통에 바탕을 둔 '아시아적 가치'와는 친화적이지 않다는 견해는 오늘날 정치학자들 사이에서 거의 지지를 받지 못하고 있다.

그렇다고 하더라도 이 논쟁에서 설명의 대상이 되어온 민주주의는 어디까지나 슘페터의 정의에 기초한 민주주의다. 이미 이 장에서 여러 번 말한 대로, 그 정의에는 여성참정권이 포함되지 않았다.

다시 말해 남녀의 의견이 평등하게 반영되는 체제라는 의미에서의 민주주의를 가져오는 메커니즘은 근대화론에서 이끌어낼 수 없는 것이다.

참정권의 남녀 차이

폴리아키로서의 민주주의 성립 조건을 생각한다면 정당 간 경쟁만이 아니라 참정권의 확대를 가져오는 논리를 설명하지 않으면 안 된다. 이 문제에 대해 근래에는 다음의 학설이 잘 알려져 있다.

[계급 간 타협으로서의 민주주의]

66 권위주의 체제 아래에서는 선거권이 재산에 기초하여 제한되어 부유층에 유리한 정책이 선택된다. 빈곤층의 조직력이 증대하고 계급투쟁이 격화할 때 부유층과 빈곤층의 타협이 성립하면 보통선거가 도입된다. 타협이 성립하지 않으면 부유층은 빈곤층을 억압한다. 99

이 논리는, 19세기 영국의 차티스트 운동*으로 대표되는 것처럼 선거권의 확대 과정이 부유층(자본가)과 빈곤층(노동자)의 격렬한 대립을 수반했다는 것을 잘 포착하고 있다. 일본에서도 1890년에 제

---

* 1830년대에서 1840년대에 걸쳐 일어난 영국 노동자의 참정권 확대 운동으로, 노동자들이 노동조합을 만들어 보통선거의 시행, 의원 자격 제한의 폐지 등을 요구했다.

국의회가 설립될 당시에는 선거권이 지주 등 부유층에 한정되었으나 1920년대를 지나며 서서히 확대되었고, 그 과정의 배후에서 이런 역학을 찾아내는 사고도 있다. 그리고 세계적으로 봐도 보통선거권의 도입은 많든 적든 부유층이 아니라 빈곤층을 대표하는 세력이 추진해왔다.

하지만 그것은 어디까지나 남성의 참정권 확대를 설명하는 이론이지 여성참정권의 도입을 설명하는 것은 아니다. 부유층이든 빈곤층이든 여성은 정치에서 배제되었다. 그 배제의 논리는 젠더 규범에 기초한 것이었지 계급에 기초한 것이 아니었다.

미국과 영국은 남성의 참정권을 확대하는 타이밍이 빨랐고, 여성참정권을 요구하는 운동도 일찍부터 조직화되었다. 미국에서는 노예해방 운동이 진행되는 가운데 여성참정권 운동이 일어나, 1848년 세니커폴스 회의[**]를 출발점으로 주 차원에서 여성참정권 획득을 지향했다. 남북전쟁을 계기로 백인 여성의 참정권과 흑인 여성도 포함한 보통선거권의 우선순위를 둘러싼 운동은 두 파로 나뉘었다. 하지만 1890년에는 두 파가 합류하여 전미여성참정권협회(NAWSA)가 설립되었고, 최전성기에는 회원이 200만 명에 이르렀다. 그 뒤로 분열이 일어나 1916년에는 앨리스 폴이 이끄는 급진파

** 1848년 미국 뉴욕주 세니커폴스에서 여성의 권리를 획득하기 위해 개최한 최초의 여성 인권 회의.

가 전국여성당(NWP)을 설립하고 연방 차원의 여성참정권을 요구하며 백악관 앞에서 항의 행동을 전개했다. 제2장의 첫머리에서 소개한 에피소드에 등장한 것이 바로 이 그룹이다.

영국에서는 1867년의 제2차 선거법 개정 때 존 스튜어트 밀이 여성참정권을 도입하는 수정안을 제출했으나 부결되었고, 19세기 말에는 여성참정권협회 전국동맹(NUWSS)과 더욱 급진적인 여성사회정치동맹(WSPU)이 결성되었다. 특히 여성사회정치동맹의 활동가들은 '서프러제트(suffragette, 여성참정권론자)'라 불리며 에멀린 팽크허스트의 지도 아래 때로 폭력을 행사하는 것으로 유명해져 두려움의 대상이 되었다.

국제적으로 보면 이 두 나라는 여성참정권 운동이 가장 널리 조직된 사례였다. 하지만 여성참정권의 도입은 제1차 세계대전 때까지 이루어지지 않았다. 일본에서는 1925년 남자 보통선거 도입과 1945년 여성참정권 도입까지 20년의 시간 차가 있다. 남녀 참정권의 시간 차가 극단적으로 긴 사례는 프랑스에서 찾아볼 수 있다. 남자 보통선거는 18세기 말 프랑스혁명 시대에 시도된 반면, 여성참정권이 도입된 것은 1944년이었다.

젠더와 체제 전환

남성의 선거권은 여성의 선거권에 선행하고, 폴리아키가 성립해도 남성 정치인들이 권력을 장악한다. 다시 말해 민주화 과정에는 남성 지배를 지속시키는 어떤 메커니즘이 숨어 있다고 할 수 있을 것이다.

우선 하나의 가능성으로서 젠더 규범에 따르는 여성은 가정에 틀어박혀 있어서 권위주의 체제에 대한 저항에 소극적이라는 가설을 세워볼 수 있다. 하지만 여성이 남성에 비해 정부에 대한 항의 활동에 매우 소극적인가 하면 그렇지는 않다. 그림 2-7은 2010년부터

| 그림 2-7 평화적인 시위 참가(2010~2014년) |

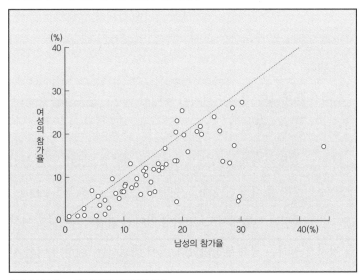

출전: WVS Wave 6를 바탕으로 필자가 작성

2014년에 걸쳐 이루어진 세계가치관조사(제6차)의 데이터에 기초하여 세계 각국의 답변자 중에서 '평화적인 시위에 참가한 적이 있다'고 답변한 사람의 비율을 남녀별로 제시했다. 분포도 위의 작은 동그라미는 각 나라를 나타내고 가로축이 남성 참가율, 세로축이 여성 참가율이다. 그림의 오른쪽 아래로 갈수록 남성이 시위에 참가하는 경향이 크고, 왼쪽 위로 갈수록 여성이 시위에 참가하는 경향이 크다. 이 분포도를 보면 몇몇 나라에서는 시위 참가자가 압도적으로 남성에게 치우쳐 있지만, 많은 나라에서는 남성과 여성이 비슷한 비율로 시위에 참가하고 있다는 것을 알 수 있다.

다시 말해 확실히 남성이 여성에 비해 시위를 비롯한 항의 행동에 참가하기 쉬운 경향은 있지만, 그다지 압도적인 차이는 없다. 그렇다면 문제는 민주화운동을 지도하는 지도자들 측에 있다는 이야기가 된다.

역사를 돌아보면 정치적 권리의 확대를 요구하는 남성들은 흔히 여성의 권리 확장에는 반대해왔다. 몇 가지 예를 들어보자.

1789년, 프랑스혁명 때 국민제헌의회가 채택한 인권선언은 시민으로서 남성의 권리만 주장하고 여성의 권리는 명기하지 않았다. 1791년에 제정된 헌법에서도, 그 뒤에 이어진 입법회의에서도 여성의 정치적 권리는 계속 부정되었다. 이에 대해서는 「여성과 여성 시민의 권리 선언」(1791)을 발표한 올랭프 드 구주를 비롯하여 많은 여성들이 항의의 목소리를 냈지만 혁명을 주도하는 남성들은 그 목소리에 귀를 기울이지 않았다. 이윽고 혁명이 급격히 진전되어 자코뱅파가 권력을 장악하는 국민공회의 시대가 되자, 올랭프 드 구주는 왕당파라는 혐의로 처형당하고 말았다.

다이쇼 데모크라시 시기의 일본에서는 요시노 사쿠조의 민본주의론이 주목을 모으는 가운데 선거권의 확대를 요구하는 운동이 전개되었다. 하지만 1925년에 도입된 것은 남성 보통선거였다. 이에 대해 여성참정권 운동은 히라쓰카 라이초와 이치카와 후사에가 1919년에 신부인협회(新婦人協會)를 설립한 후 1924년의 부인참정권획득기성동맹회의 결성으로 본격화하고, 남성의 '후센(普選, 보통선거)'에 대항하는 '후센(婦選, 여성 선거)'의 실현을 목표로 했다. 1928년 총선거에서 이치카와 등은 후센(婦選)에 협력하는 남성 의원은 당파에 관계없이 지원하는 방침을 택했지만, 무산정당을 지원하는 요시노 사쿠조는 후센을 우선하는 전략을 비판했다고 한다. 1930년에는 입헌민정당의 하마구치 내각하에서 여성의 지방 참정권을 인정하는 부인공민권법안이 중의원을 통과했으나 귀족원에서 심의가 완료되지 않아 폐기되었다.

현대의 민주화 사례를 봐도 사정은 비슷하다. 예컨대 공산당 지배가 해체된 후에 가정에서 여성의 역할이 강조된 구 공산권과 달리, 라틴아메리카 국가들에서는 군사정권하에서 남성이 탄압의 표적이 되는 가운데 여성의 항의 행동이 큰 역할을 한 경우도 있었다. 특히 아르헨티나의 군사정권에 납치된 젊은이의 어머니들이 결성한 '오월 광장의 어머니회' 운동은 민정 이관을 향한 움직임을 뒷받침한 것으로 아주 유명하다. 그런데 1983년에 군사정권이 퇴장하는 단계에서 남성들이 주도하는 정당이 정권과의 교섭을 담당했으며, 새롭게 실시한 선거에서 당선자 대부분은 남성이었다. 여성이 의회에 진출하는 것은 여성운동이 다시 집결하여 정치적 대표를 요구한 1990년대 이후다.

국제적인 규범과 여성참정권

이처럼 민주화운동에서 남성 우위의 젠더 규범이 강하게 작동하면, 민주화는 여성 권리의 확대로 이어지지 않는다. 남녀가 더욱 평등한 정치체제를 목표로 하기 위해서는 남성 우위의 규범을 뒤엎는 메커니즘이 필요하다. 여성참정권이 확대된 과정에서는 이러한 규범의 전환이 자주 보인다.

첫째로, 전쟁 협력에 기초하여 여성참정권을 정당화하는 규범이 있다. 20세기 이전, 전선에서 군대 간의 전투로 전쟁이 완결되었던 시대에는 남성이 국방을 담당하는 역할을 독점했다. 군대는 압도적으로 남성 우위의 조직이고, 거기에 여성의 모습은 없었다. 남성에게만 선거권을 인정하는 규범은 다음과 같이 정식화된다.

• 나라를 지키는 사람에게는 참정권을 인정해주지 않으면 안 된
  다.

그런데 제1차 세계대전을 계기로 전쟁의 형태가 변하여 총력전
의 시대가 되자 이 규범의 의미가 변했다. 전선과 후방의 구별이 사
라지고, 여성도 군수 생산 등 다양한 자리에서 전쟁에 참가한다. 그
때까지는 남성만이 나라를 지키는 역할을 했지만 총력전의 시대가
되자 여성도 나라를 지키는 역할을 한다. 그 결과 여성도 참정권을
얻을 자격을 갖추게 된다.

이 메커니즘은 미국과 영국의 사례에 잘 들어맞는다. 제1차 세계
대전 때 영국의 로이드 조지 내각이 전후에 참정권을 부여하겠다고
약속함으로써, 그때까지 전쟁 반대를 외쳤던 여성참정권 운동이 전
쟁 협력으로 바뀌었다. 그리고 1918년 제4차 선거법 개정과 1928
년 제5차 선거법 개정에서 여성참정권을 획득했다. 미국에서도 윌
슨 대통령이 여성의 전쟁 협력을 강조하며 참정권 부여를 호소하였
고, 전후인 1920년에 여성참정권이 도입되었다. 그리고 영국, 미국
과 같은 과정이 일본에서도 부분적으로 재현되었다. 아시아태평양
전쟁 때 이치카와 후사에 등 여성참정권 운동의 활동가들은 반전이
아니라 전쟁 협력을 선택했다. 같은 시기, 다른 교전국에서도 여성
들은 전쟁에 협력했다.

둘째로, 국제사회의 보편적인 조류의 일환으로서 여성참정권의 도입을 정당화하는 규범이 있다. 이 논리에 따르면 전쟁 협력은 여성참정권을 획득하는 유일한 길이 아니다. 오히려 어떤 시기 이후 여성참정권은 군사 동원의 유무에 관계없이 세계로 퍼져나갔다. 그것을 지탱한 것은 다음과 같은 새로운 규범이다.

• 국민국가는 여성참정권을 인정하지 않으면 안 된다.

여기서 여성이 정치에 참여할 자격을 갖고 있는지 어떤지는 문제가 되지 않는다. 오히려 이는 일반적인 국민국가가 어떤 정치제도를 제정해야 할지를 보여주는 규범이다.

이 규범은 여성운동의 국제적인 연대를 통해 퍼졌다고 한다. 19세기 말 증기선이나 전신 등 교통 · 통신 수단의 발달로 여성운동이 국제적인 연락을 취하는 것이 가능해졌다. 또한 만국박람회를 비롯한 국제적인 문화 교류도 이 시대에 활발해졌다. 이러한 국제주의의 흐름 속에서 각국의 여성운동가들이 국제회의를 열게 된다. 1878년 파리 만국박람회에 맞춰 12개국 대표가 모여 국제 여성 권리 총회가 개최되었다.

1888년 미국에서는 여성참정권 운동의 시발점이 된 1848년의 세니커폴스 회의 40주년을 계기로 워싱턴 D.C.에서 세계여성단체협의회(ICW)가 결성되었다. 이 시기에 탄생한 여성운동의 국제 조직 중에서도 1904년 독일 베를린에서 설립된 국제여성참정권동맹(IWSA)은 여성참정권의 도입을 향한 조류를 만들었다고 평가받는다.

이리하여 각국으로 퍼진 여성참정권의 규범은 이 시대에 새롭게 독립한 나라들에서 가장 강력하게 작동했다. 이들 나라에서는 대의제 민주주의를 시도한 지 얼마 되지 않아 새로운 국가 건설에 여성의 협력을 구한다는 의미도 있어 일찍부터 여성참정권이 도입되었다. 1893년과 1902년에 각각 여성에게 선거권을 인정해준 뉴질랜드와 호주는 모두 영국의 식민지였다. 그 뒤를 이어 1906년 핀란드에서 여성의 선거권과 피선거권이 도입된 것은, 러일전쟁의 패배로 발발한 러시아 제1혁명의 여파로 러시아가 핀란드에 사실상의 독립을 준 것이 계기였다. 노르웨이는 1905년에 스웨덴에서 독립하여 1913년 여성참정권을 도입했다.

여성참정권을 인정하는 나라가 늘어나자 여성참정권의 도입이라는 규범은 국민국가의 지도자들을 한층 강고하게 압박하게 된다. 제2차 세계대전 이후 많은 식민지들이 독립하던 시기에는 남성과 여성 모두에게 참정권을 인정해주는 것이 이미 상식이 되었다. 일본과 프랑스도 이 단계에서 여성참정권을 도입했다.

셋째로, 자국의 윤리적 우위를 보여주기 위해 여성참정권 도입을 정당화하는 규범이 있다. 다시 말해 국민국가가 일반적으로 갖춰야

할 성격을 갖추는 것이 아니라, 오히려 일부 특권적인 국가들의 일원으로서 자국의 지위를 보여주기 위해 여성참정권을 도입한 것이다.

• 문명국은 여성참정권을 도입하지 않으면 안 된다.

이 사고에 따르면 여성참정권이 도입될 때 이용되는 근거는 각 지역의 사정에 따라 다르다. 다시 말해 미개국과 자국을 차별화하기 위해 여성참정권을 도입한 나라도 있을 뿐 아니라, 문명국 대열에 들어가기 위해 여성참정권을 도입한 나라도 있다. 그런데 거기에는 국가 간의 윤리적 우열이 명확히 보인다.

이 메커니즘이 전형적으로 작동한 것은 소련을 중심으로 한 공산권의 여성참정권 도입 과정일 것이다. 공산당이 권력을 장악한 나라들이 여성참정권을 일찍부터 도입한 것은 그것이 국제적인 상식이었기 때문이 아니다. 오히려 자본주의 국가들에 대한 사회주의 국가의 문명적 우위를 보여주려는 의도로 여성참정권을 도입했던 것으로 보인다. 그리고 제2차 세계대전 후 냉전이 시작되자 동유럽 국가에서는 서유럽 국가에 비해 많은 여성 의원을 기용하고 남녀평등이 실현되었다는 것을 과시했다.

남녀 평등한 민주주의로 가는 길

지금까지 검토한 사고는 대부분 폴리아키의 성립을 설명하는 것이었다. 하지만 이미 말한 것처럼 폴리아키는 민주주의 그 자체가 아니다. 오늘날의 일본처럼 극단적인 남녀 불평등이 잔존하는 경우도 있다. 폴리아키보다 민주적인 체제로 나아가는 길은 어떻게 해야 열리는 것일까.

이 문제에 대해 로버트 달은 『폴리아키』를 포함한 몇몇 저작에서 복지국가에 대한 기대를 말했다. 달은 폴리아키가 안고 있는 심각한 약점을 시민들 사이에서 권력 자원이 불평등하게 분배되어 있다는 데에서 찾았다. 따라서 복지국가를 통해 정부가 널리 사회보장을 제공하면 빈부 격차가 축소되고 시민이 평등하게 의견을 말하는 환경이 갖춰질 것이다. 이것이 더욱 민주적인 정치체제를 구축하기 위한 달의 구상이었다.

하지만 이 논의에는 젠더 관점이 없다. 만약 복지국가가 빈곤을 방지하고 경제적인 격차를 축소하는 역할을 한다면, 그것은 누구의 빈곤을 방지하고 누구와 누구 사이의 격차를 축소하는 것일까. 복지국가는 과연 남성과 여성 사이의 불평등을 시정하는 것일까. 다음 장에서는 복지국가에 관한 논의를 중심으로 정부의 정책이 어떻게 만들어지고 누구의 이익을 실현하는지를 검토할 것이다.

3장

'정책'은
누구를 위한 것인가

1

남성을 위한
복지국가

◇◇◇◇◇◇◇◇◇◇◇◇◇◇◇◇◇◇◇◇◇◇◇◇◇◇◇◇◇◇◇◇◇◇◇◇◇◇◇

'요람에서 무덤까지'

1943년 3월 21일, 영국방송협회(BBC)의 라디오 방송에 윈스턴 처칠 총리가 등장했다. 유럽에서 제2차 세계대전이 전환점을 맞이한 시기다. 1942년 11월에는 영국군이 엘알라메인 전투에서 독일과 이탈리아를 물리쳤고, 1943년 2월에는 스탈린그라드에서 소련군에 포위당해 있던 독일군이 항복했다. 이런 상황을 근거로 하여 처칠은 국민에게 전후의 비전을 제시하기로 한 것이다.

그 도정을 처칠은 다음과 같이 그렸다. 우선 히틀러를 가능한 한 빨리 항복으로 몰아붙이고 여세를 몰아 일본을 격파한 후 빼앗긴 아시아의 식민지를 되찾는다. 그것에 이어 미국과 소련의 협력 아래 전쟁이 다시 일어나는 것을 막기 위한 새로운 국제조직을 결성한다. 한편 영국 국내에서는 4개년 계획을 작성하여 경제 부흥을 꾀하는 동시에 전 국민이 가입하는 새로운 사회보험 제도를 설립한다.

당시의 영국에서 노동당이 아니라 보수당 정치인의 입에서 사회보험이라는 말이 나온 것은 의외였을 것이다. 그래서 처칠은 말한다. 확실히 보수당은 사회보험에 냉담하다는 이미지가 있을지 모르지만 자신은 그렇지 않다고. "우리는 모든 계급을 위해 요람에서 무덤까지 모든 목적에 부응하는, 전 국민이 가입하는 사회보험 제도의 지지자라고 생각해주었으면 싶다." 물론 지금은 전쟁이 한창이라 무책임한 약속은 할 수 없다는 걸 거듭 확인한 후 처칠은 재차 전쟁 수행에 대한 협력을 호소했다.

처칠이 말한 영국의 복지국가 구상은 윌리엄 베버리지를 좌장으로 하는 정부의 심의회가 1942년 11월에 발표한 보고서 「사회보험 및 관련 서비스」에 기초한 것이었다. 베버리지 보고서에는 다음과 같은 세 가지 원칙이 제시되어 있었다. 첫째, 과거의 경험에 기초를 둔 특수한 이해에 사로잡히지 않고 제도를 전면적으로 개정한다. 둘째, 사회보험은 사회의 진보를 위한 포괄적인 정책의 일환으로 한다. 사회보험은 재건을 위한 다섯 가지 과제 중 '빈곤'을 제거하는 것에 지나지 않는다. 다른 네 가지 과제는 '질병', '무지', '불결', '나태'다. 셋째, 사회보장은 국가와 개인의 협력에 기초하여 실현되지 않으면 안 된다. "내셔널 미니멈*을 설정할 때 국가는 각자가 그 자신 및 그의 가족을 위해(for himself and his family) 최저 수준 이상의 대비를 할 수 있도록 자발적으로 행동할 여지를 남기지 않으면 안 된다."

1945년 5월 독일이 항복한 직후의 총선거에서 보수당이 패하고 처칠이 물러났음에도 불구하고, 오늘날 '요람에서 무덤까지'라는 문구는 널리 기억되고 있다. 그 뒤를 이은 노동당의 클레멘트 애틀리 내각하에서 국민보건서비스(NHS)를 중심으로 하는 후한 사회보장을 위한 구조가 구축되어, 이후 '요람에서 무덤까지'라는 말은 노동당의 복지 정책을 표현하는 말로 기억되었다.

그렇다면 이렇게 하여 탄생한 영국의 복지국가는 누구를 위한 복지국가였을까. 베버리지 보고서에 따르면 그것은 '그 자신 및 그의 가족을 위해서'다. '그'가 일해서 얻은 소득을 국가가 보장한다. 그렇다면 가족의 다른 구성원들은 무엇을 할까. 그리고 그 구성원들을 위해 영국의 복지국가는 무엇을 할까. 사실 그 복지국가는 남성 시민에게 편익을 제공하기 위해 설계되었을지도 모른다. 그렇다면 여성이나 아이는 남성을 통해 간접적으로 정책의 혜택을 받는 것에 지나지 않는 게 아닐까.

여기에는 국가의 활동 방침이라는 의미에서의 공공 정책 일반에 관한 문제가 나타났다고 할 수 있을 것이다. 공공 정책에는 안전보

---

* National Minimum. 사회적으로 인정되는 한 나라 국민의 최저한도의 생활 수준.

장 정책에서 농업 정책에 이르기까지 다양한 종류가 있고, 그중에는 명시적으로 여성의 이익에 관한 정책도 있다. 이런 유의 정책은 여성 정책으로도 불리고 여성의 취업에 관한 노동 정책, 가족의 형성 대상의 가족 정책, 임신과 출산에 관한 모자 보건/권리, 또는 여성 대상의 폭력에 대한 대처 등으로 구성된다. 하지만 언뜻 보면 젠더 중립적으로 보이는 다른 정책도 사실 남성과 여성에게 다른 편익을 주는 경우가 적지 않다. 왜 그런 일이 일어날까. 이상의 문제에 기초하여 이 장에서는 정책이 어떻게 만들어지고 어떤 작용을 하는지 생각해보기로 하자.

복지국가란 무엇인가

'요람에서 무덤까지'라는 표현은 복지국가의 이념으로 널리 알려졌다. 오늘날에는 일본을 포함한 모든 선진국이 어떤 의미에서 복지국가가 되었다. 복지국가의 개념을 설명한다면 아마 다음과 같을 것이다.

[복지국가의 개념]

66 19세기의 국가는 시장경제에 개입하지 않는 것을 원칙으로 하는 야경국가였다. 하지만 자본주의 경제하에서 노동자는 노동시장에서 거래되는 상품으로 취급되고, 실업이나 질병으로 심각한 리스크에 직면한다. 이

때문에 20세기가 되자 시장경제의 리스크로부터 노동자를 지키기 위해 연금, 실업보험, 의료보험, 생활보호 등 노동자를 '탈상품화 (decommodification)'하기 위한 사회보장 제도가 발달하게 되었다. 이러한 제도에 접근하는 것을 사회권으로서 보장하는 국가를 복지국가라고 한다. 99

복지국가는 경제적인 불평등을 바로잡는 국가다. 국립사회보장·인구문제연구소의 '사회보장 비용 통계'에 따르면 2016년도 일본의 사회보장 지급금은 총 117조 엔가량이었다. 내역을 보면 의료 약 38조 엔, 연금 약 54조 엔, 복지와 기타 약 24조 엔이다. 재원은 피보험자와 사업주가 부담하는 사회보험료 약 69조 엔, 국가와 지방 예산의 공비(公費) 부담 약 48조 엔, 그 밖의 수입 약 18조 엔, 합계 약 135조 엔에서 조달되었다. 그해의 국내총생산(GDP) 약 539조 엔의 20퍼센트 정도가 사회보장에 할당된다.

하지만 여기서 일단 멈추고, 복지국가가 실현하는 평등이란 누구와 누구 사이의 평등인지를 생각해보기로 하자. 복지국가가 탈상품화하는 것은 시장경제하에서 노동자로서 일자리를 잡아 소득을 얻고 있는 사람들이다. 복지국가는 그런 사람들이 경제적 리스크에 직면했을 때 그들의 생활을 보장한다. 반대로 말하자면 애초에 노동시장에 참가하지 않은 사람은 복지국가 공공 정책의 주된 수익자가 될 수 없다.

이에 대해 젠더 관점에서 강력한 비판이 가해졌다. 왜냐하면 남녀의 성별 역할 분담을 낳는 젠더 규범이 공유된 사회에서 노동시장에 참가하는 것은 주로 남성이기 때문이다. 이에 비해 여성은 가사나 육아에 종사하고 남성을 떠받칠 것이 기대된다. 그렇다면 노동자를 탈상품화하는 복지국가는 사실 남성을 탈상품화하는 것에 지나지 않는다. 베버리지 보고서가 제시한 복지국가는 남성을 위한 복지국가인 셈이다.

복지 레짐론과 페미니스트 복지국가론

서구 선진국이 안정적인 경제성장을 누렸던 1970년대까지 선진국은 모두 똑같이 풍요로운 산업사회를 실현하고, 그 아래에서 복지국가로 수렴할 것이 기대되었다. 이에 비해 오늘날에는 각국의 사회적 조건에 따라 다양한 타입의 복지국가가 만들어진다고 여겨지고 있다. 복지국가를 유형화할 때 다음 학설이 아주 큰 영향력을 끼친다.

[복지 레짐론]

66 요스타 에스핑 안데르센의 『복지자본주의의 세 가지 세계』(1990)에 따르면, 서구의 복지국가는 세 종류의 '복지 레짐'으로 분류된다. 독일과 이탈리아 등의 보수주의적 복지 레짐에서는 공무원이나 산업 등 직업집

단별로 만들어진 사회보험 제도에 기초하여 노동자에게 복지가 공급되고, 가족도 복지의 공급원으로서 큰 역할을 담당한다. 미국 같은 자유주의적 복지 레짐에서는 시장이 복지의 공급원이고, 일할 수 없는 사람에게는 예외적으로 생활보호가 주어진다. 스웨덴 등의 사회민주주의적 복지 레짐에서는 복지를 공급받는 일이 시민권으로서 인정받고 있고, 단일한 제도하에서 후한 연금제도, 실업 급여와 충실한 사회복지 서비스가 공급된다. **"**

복지국가의 탈상품화 기능을 측정할 때는 사회보장 지출의 액수만이 아니라 그 내용이 중요해진다. 연금은 현역 시절 소득의 몇 퍼센트를 보장할까. 실업보험의 지급 기간은 어느 정도일까. 이런 관점에서 세 종류의 복지국가를 비교하면 사회민주주의적 복지 레짐이 가장 탈상품화 기능이 강하고, 자유주의적 복지 레짐은 그 기능이 가장 약하다는 것이 에스핑 안데르센의 논의에서 얻을 수 있는 내용이었다.

하지만 젠더 관점에서 보면, 탈상품화의 정도에 기초한 분류는 복지국가를 분류하는 접근 방법으로서 꼭 적절한 것은 아니다. 남녀의 성별 역할 분담이 이루어지고 있는 사회에서 남성은 노동시장에서 경제적인 리스크에 직면하고, 이에 비해 여성은 가정 내에 틀어박혀 생계를 남성에게 의존하는 데에 따르는 리스크에 직면한다.

이 리스크를 줄이기 위해서는 여성이 경제적으로 남성에게 의존하는 구조를 바꾸지 않으면 안 된다.

이런 문제의식에서 페미니스트 복지국가론이 나왔다. 그중에서도 가장 유명한 것이 복지국가를 남성 부양자 모델(male breadwinner model)과 개인 모델(individual model)로 분류하는 다이앤 세인즈베리의 『젠더·평등·복지국가』(1996)에 나오는 논의일 것이다.

남성 부양자 모델의 복지국가에서 사회보험은 가족의 대표자인 남성에게 제공된다. 즉, 남성이 가족 전원의 사회보험료를 지불하면 그 가족에게 수급 자격이 주어지는 것이다. 노동정책은 남성의 고용을 확보하기 위해 이루어지고, 아내에게는 무상으로 가사·육아·간병을 담당할 것이 요구된다.

이에 비해 개인 모델의 복지국가에서는 특정한 가족상이 전제되지 않는다. 남편과 아내는 대등한 존재로서 일을 하여 수입을 얻고, 가사나 육아에서도 협력하는 것이 상정된다. 그 때문에 남편과 아내는 모두 자신의 자격으로 사회보험 제도에 가입하고, 각자 자신이 내는 것에 기초하여 지급받는다. 노동정책도 남성과 여성 중 어느 한쪽을 우선하지 않는다.

그리고 개인 모델의 복지국가는 돌봄을 사회화한다. 다시 말해 육아나 간병 등의 돌봄 노동을 가족이 떠맡는 것이 아니라 정부가 적극적으로 사회복지 서비스를 공급함으로써 남녀 맞벌이 가족을 떠받치는 것이다.

이 두 가지 모델을 비교하면 개인 모델이 남성 부양자 모델에 비해 남녀평등 지향이 더 강하다. 남성 부양자 모델은 일하는 남성의 아내로서 가정에서 돌봄 노동에 종사하는 전업주부의 존재를 전제로 한 제도라고 할 수 있다. 싱글마더나 워킹마더와 같이 이 조건에 맞지 않는 여성은 충분한 혜택을 받을 수 없다. 이에 비해 개인 모델은 남성에게 의존하지 않는 여성에게도 복지를 제공한다.

세인즈베리의 목적은, 남성 노동자를 탈상품화하는 데 성공했다고 여겨지는 복지국가가 그 뒤에서는 여성을 가정에 가두고 있는 게 아닐까 하는 문제를 제기하는 것이었다. 보수주의적 복지국가는 대부분 나름대로 충실한 사회보험 제도를 통한 탈상품화 기능을 갖는 반면, 가정에서 여성의 돌봄 노동에 의존한 남성 부양자 모델의 복지국가로서의 측면을 강하게 갖는다. 북유럽의 사회민주주의적 복지국가도 개인 모델 복지국가로서의 성격이 강하지만 남성 부양자 모델의 요소도 포함하고 있다. 이처럼 젠더 관점을 도입하는 것은 복지국가 본연의 모습을 다시 묻는 계기가 되었다.

탈상품화와 탈가족화

비판을 받은 에스핑 안데르센은 『탈공업 경제의 사회적 토대』(1999)에서 자신의 복지 레짐론을 크게 수정했다. 복지국가의 작용으로서 탈상품화에 더해 탈가족화라는 개념을 도입하고, 다시 선진국들의 복지국가를 비교한 것이다. 탈가족화란 여성을 가정 내 간병과 육아에서 해방하고 노동시장 참여를 지원하는 일을 가리킨다. 탈상품화를 하는 경우와 탈가족화를 하는 경우, 필요한 정책은 크게 다르다.

표 3-1은 탈상품화 정도와 탈가족화 정도를 측정하기 위해 에스핑 안데르센이 이용한 지표의 내용을 비교한 것이다. 이 표를 보면 탈상품화 정도를 측정할 때는 ① 연금 ② 질병 급여 ③ 실업 급여라는 노동자가 직면하는 리스크를 완화하는 제도의 충실도(탈상품화 정도)가 지표화되어 있고, 그 합계가 탈상품화 지수가 된다.

이에 비해 탈가족화 정도를 측정할 때는 오히려 가족 내에서의 돌봄을 사회화하는 제도가 지표화의 대상이 된다. ④ 가족 관계 서비스 지출에는 보육 시설 등을 설치하기 위한 재정지출이 포함된다. ⑤ 가족 관계 금전 지출에는 아동 수당 지급 등의 지출이 포함된

| 표 3-1 탈상품화와 탈가족화 지표 |

탈상품화	탈가족화
① 연금의 탈상품화 정도(0~18) ② 질병 급여의 탈상품화 정도(0~15) ③ 실업 급여의 탈상품화 정도(0~15) 탈상품화 지수 : ①+②+③	④ GDP 대비 가족 관계 서비스 지출 비율(%) ⑤ GDP 대비 가족 관계 금전 지출 비율(%) ⑥ 3세 아동 미만의 보육 시설 이용률(%) ⑦ 고령자의 간병 서비스 이용률(%)

다. ④를 통해 돌봄 노동을 사회화하지 않은 나라도 ⑤를 통해 돌봄 비용을 사회화할 수 있는 것이다. ⑥ 3세 아동 미만의 보육 시설 이용률은 육아가 가정 밖에서 이루어지는 정도를 나타낸다. ⑦ 간병 서비스 이용률은 간병이 가정 밖에서 이루어지는 정도를 나타낸다.

여기서는 탈상품화의 관점에서 본 복지국가와 탈가족화의 관점에서 본 복지국가를 비교해보기로 하자. 그림 3-1의 가로축은 에스핑 안데르센이 탈상품화를 측정하기 위해 이용한 '탈상품화 지수'를 보여주고, 세로축은 OECD의 사회보장 데이터베이스에 기초하여 가족 관계 사회 지출(서비스 지출과 금전 지출의 합계)이 국내총생산

| 그림 3-1 탈상품화 지수의 재검토 |

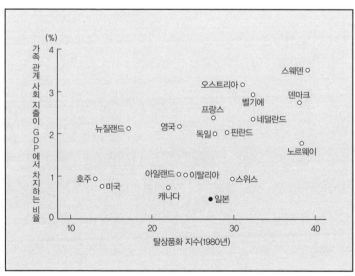

출전: OECD.Stat 및 요스타 에스핑 안데르센(2001), 57쪽을 바탕으로 필자가 작성

에서 차지하는 비율을 보여준다. 탈상품화 지수에 대해서는 일본의 복지국가가 과대평가되고 있다는 비판도 있지만, 여기서는 원래의 수치를 그대로 따른다. 한편 탈가족화에 대해서도 원래는 탈상품화 지수 같은 지표가 있으면 바람직하지만, 에스핑 안데르센이 이용한 네 개의 지표는 단순히 합계하는 것이 불가능하다. 여기서 이용하는 숫자는 ④와 ⑤의 합계에 해당한다. 데이터는 탈상품화 지수가 작성된 해에 맞춰 1980년 것을 이용했다.

이 그림에서는 아주 흥미로운 것을 발견할 수 있다. 우선 전체적으로 탈상품화 지수가 높은 나라일수록 가족 관계 지출의 비율도 높은 경향을 띤다. 하지만 개별 사례를 보면 편차가 크다. 확실히 스웨덴처럼 어느 지표나 높은 나라가 있는가 하면, 미국처럼 어느 지표나 낮은 나라도 있다. 하지만 같은 정도의 탈상품화를 실현하고 있다고 여겨지는 나라들 중에서도 탈가족화 비율은 무척 다르다.

그중에서도 일본의 위치는 아주 독특하다. 탈상품화 지수는 중간 정도인데, 가족 관계 지출은 최하위로 떨어진다. 젠더 관점에서 보자면, 1980년대 일본은 남녀평등에서 가장 먼 남성 부양자 모델의 복지국가였다는 것을 말해준다. 이 시기 일본의 간병 서비스 이용률과 보육 시설 이용률은 선진국들 중에서 최하위 수준이었다. 다시 말해 당시 일본의 복지국가는 남성을 통해 복지를 공급하는 국가였다고 볼 수 있다.

남성 부양자 모델로서 일본의 복지국가

애초에 일본의 복지국가는 에스핑 안데르센이 말한 세 종류에는 잘 들어맞지 않는 사례라고 평가되어왔다. 일본에서는 기업 종업원을 위한 후생연금과 공무원을 위한 공제조합연금 등 직역별로 나뉜 사회보험 제도가 정비되어 있다는 점에서 보수주의적 복지국가의 특징을 갖고 있다. 또 한편, 사회보장 지출 수준이 낮다는 점에서는 자유주의적 복지국가의 요소도 지니고 있다. 이러한 특징을 보통 다음과 같이 설명한다.

[일본의 복지국가]

66 일본에는 서구 국가들에서 볼 수 있는 사회보장 제도에 더해 복지국가를 기능적으로 대체하는 다양한 정책이 존재한다. 예컨대 공공사업과 농업 보조금은, 서구 국가들에서는 복지국가의 구성 요소라고 생각되지 않지만 도시에서 농촌으로 부를 재분배한다. 또한 종신고용제를 비롯한 강고한 고용 보호 장치를 통해 기업 노동자의 생활을 보장하고 있는 것도 사회보장 제도를 대체하는 장치로 여겨진다. 전체적으로 일본의 복지국가 특징은 그 특수주의에 있다. 99

이러한 서술은 일본 복지국가의 평등주의적 성격을 강조하고 있다. 북유럽 국가들처럼 보편주의에 기초하여 모든 시민에게 평등하게 편익을 분배하는 것은 아니지만, 다양한 사회집단에 대해 각각의 형태로 편익을 분배하고 생활을 보장하는 국가다. 그리고 사회보장 지출을 낮게 억제하면서도 '일억총중류*'라고 하는, 계급 격차가 작은 사회를 만드는 데 성공한 사례다. 그런 의미에서 서구 국가들과는 다른 모습을 하고 있어도 일본에는 충실한 복지국가가 존재하고 있다는 이야기가 된다.

한편, 일본의 복지국가에 대한 이런 평가에는 젠더 관점이 포함되어 있지 않다. 평등 사회여야 할 일본에서 남녀 불평등이 두드러지게 존재하고 있다는 점을 이 복지국가의 해설에서는 읽어낼 수가 없다. 그리고 젠더 관점에서 일본의 복지국가를 보면 거기에는 남성 부양자 모델의 성격이 짙게 나타난다.

재정 면에서 일본의 복지국가를 보면, 남편이 아내와 아이를 경제적으로 부양한다는 가족 형태를 전제로 하는 제도가 깊이 뿌리내려 있다. 예컨대 배우자의 소득이 일정한 수준 이하인 경우 소득세의 과세액을 할인해주는 배우자 공제 제도나, 국민연금의 제2호 피보험자(회사원이나 공무원 등)의 배우자도 연금 보험료를 납입한 것으로 간주하는 제3호 피보험자**제도는 사실상 전업주부가 있는 세

---

* 일본 인구의 약 90퍼센트인 1억 명이 모두 중산층이라는 의미로, 1970~1980년대 일본에서의 평등한 사회현상을 가리키는 말이다.

** 일본의 국민연금에서는 피보험자를 제1호에서 제3호까지 구분한다. 제1호는 자영업자와 농민 등이, 제2호는 민간 회사원과 공무원 등이, 제3호는 제2호의 배우자가 해당된다.

대를 우대하는 구조로 기능해왔다. 그에 따라 제도의 편익을 얻을 자격을 갖추기 위해 여성이 일정한 액수 이하의 소득을 올리려고 취업을 자발적으로 제한하는 '103만 엔의 벽'이나 '130만 엔의 벽' 등이라 불리는 현상이 생겨 지적을 받아왔다.

종신고용은 남성의 고용을 지켜주는 구조로서의 색채가 강하다. 일본에서는 기업의 정규직 사원이 대부분 남성이고, 가족을 부양하는 데 필요한 임금이나 수당을 포함하여 충실한 복리후생이 정비되어왔다. 이에 비해 기업이 경기 변동에 따라 고용을 조정할 때는 비정규 노동자를 활용하는 전략이 이용된다. 오일쇼크로 국제경제가 불안정해진 1970년대 이후 일본에서는 수많은 여성 종업원이 파트타임 노동자로서 노동시장에 참여하게 되었다. 다시 말해 여성을 이른바 고용의 조종 밸브로 이용함으로써, 기업은 시장의 변동에 대응하고 정규직 노동자의 고용 안정을 양립시켜온 것이다.

이에 비해 도시에서 농촌에 부를 재분배하는 공공사업이나 농업 보조금은 농촌 지역 남성의 손에 이익을 분배하는 구조라고 할 수 있을 것이다. 건설업 종업원은 역사적으로 남성이 압도적인 다수를 차지해왔다. 농업은 남성 자영업주를 가족 종업원인 여성이 떠받치는 구조로 되어 있다. 거기서 이루어지는 부의 분배가 사회보장 제도를 통한 재분배와 같은 기능을 해왔다는 평가는 남성 부양자 모델의 복지국가를 염두에 둔 것에 지나지 않는다. 그것은 개인 모델의 복지국가 같은, 각 시민의 사회권에 기초한 사회보장 제도와 다른 작용을 한다.

한편 남성에 대한 편익의 분배가 이루어져온 것과 표리일체의 관계로서 일본에서는 다른 선진국에 비해 가사, 육아, 간병 등 돌봄 노동이 대부분 가정에서 여성의 무상 노동을 통해 공급되어왔다. 그러한 역할이 기대되는 여성에게 일과 가정의 양립이란 무척 어려운 일이다. 전통적으로 보육 서비스는 가정에서 충분한 보육을 받을 수 없다는 의미에서 '보육이 결여된 아동'을 위해 예외적으로 제공하는 것으로 인식되었다. 그래서 예전에는 어머니에게 육아의 의무를 다하지 않았다는 낙인을 찍는 일이 많았다. 오늘날에도 맞벌이 부부가 보육 시설에 아이를 맡길 수 없는 '대기 아동' 문제가 특히 도시 지역에서 심각해졌다.

국가가 노동자를 심하게 탈상품화하지 않으면서 복지의 공급 주체인 가정의 역할을 중시한다는 의미에서 일본의 복지국가는 가족주의 모델이라 불리기도 한다. 일본에서는 왜 이런 성격의 복지국가가 만들어진 것일까. 이 문제를 검토하려면 복지국가를 지탱하는 정치적인 역학을 고려하지 않으면 안 된다.

2

정책은 누구의 이익을
반영하는가

◇◇

이익집단 정치의 파악 방식

대의제 민주주의하에서는 선거 때를 제외하면 시민이 정치 공동체의 의사 결정에 관여할 기회가 없다. 관료가 정책안을 만들고 정치인이 그중에서 선택한다. 이 과정에서 자신의 의견이 정책에 반영되기를 바라는 시민은 이익집단을 조직하고 정책 변경을 요구하며 정치인이나 관료에게 진정을 할 필요가 있다. 이익집단은 선거에서 조직적으로 표를 던지거나 정치자금을 제공하는 능력에 따라 영향력을 행사한다. 그 구조는 통상 다음과 같이 설명된다.

[엘리트주의와 다원주의]

    " 자본가 같은 일부 특권적인 계급이 영향력을 독점하고 있다는 견해를 엘리트주의라 부른다. 이에 비해 노동조합이나 소비자 집단을 포함하여 사회의 다양한 집단이 자유롭게 활동하고 정책에 영향을 끼치고 있다는 견해를 다원주의라고 부른다.

다원주의 정치는 다양한 의견을 반영한다는 점에서 엘리트주의적 정치에 비해 민주적이다. 하지만 모든 의견을 반영하는 것은 아니다. 이익집단을 조직하기 위해서는 비용이 들고, 그 활동을 통해 실현되는 정책의 편익에는 집단 구성원 이외의 사람도 무임승차할 수 있다. 이 무임승차자 문제를 극복할 수 있는 집단은 자신들의 특수한 이익을 위해 정책에 영향력을 행사할 수 있게 된다. 하지만 그 결과 공공의 이익은 훼손된다. "

    원래 다원주의 모델은 유럽에서 보이는 계급 대립이 없는, 미국의 이익집단 정치를 기술하기 위해 생겨난 것이다. 제2차 세계대전 후의 일본도 '일억총중류'라 일컬어졌듯이 계급 대립이 두드러지지 않은 사회였다. 그 때문에 표준적인 정치학 교과서에서는 계급보다 이익집단이 더 중시되었다. 일본경제단체연합회 등의 경영자 단체, 일본노동조합총연합회 등의 노동 단체, 일본의사회 등의 전문가 단체, 전국농업협동조합중앙회 등의 농업 단체, 그 밖에도 무수한 이익집단이 중앙 성청(省庁)이 있는 가스미가세키나 국회가 있는 나가타초에서 활동하고 있다.

한편 일본의 다원주의에는 독자적인 특징이 있다. 다시 말해 이 집단들은 각 분야를 관할하는 관청이나 그 분야를 잘 아는 여당 자민당의 족의원과 밀접한 관계를 가지며 '철의 삼각형'을 구성해왔다. 이런 특징을 가진 일본의 이익집단 정치는 미국의 다원주의가 상정하는 이익집단의 경쟁이 아니라 각 업계가 각각의 영역에서 공존한다는 의미에서 '구획된 다원주의(bureau-pluralism)'라고 불린다. 그것은 동시에 과대한 공공사업을 비롯한 이익을 남발해 재정 상황을 악화시킨다는 비판을 받기도 했다.

'구획된 다원주의'가 일본의 복지국가 양상에도 영향을 끼친 것으로 보인다. 나중에 말하겠지만, 북유럽 국가들에서는 전국 차원의 조직된 노동조합과 경영자 단체의 합의를 통해 전 시민을 대상으로 하는 보편주의적 복지 정책이 도입되었다. 이에 비해 일본에서는 각 분야에 이익집단이 공존했다. 그러므로 각 분야의 집단에 서로 다른 형태로 편익을 제공한다는 일본 복지국가의 특징은 이 이익집단 정치의 구조에서 유래한다고 생각되었다.

하지만 구획된 다원주의에 관한 해설은, 일본에서 보편주의적 복지국가가 성립하지 않았던 것을 설명하는 것이기는 해도, 구획된 다원주의하에서 조직되어 있는 이익이 누구의 이익이었는지를 설명하는 것은 아니다. 언뜻 보면 다원주의의 정치 과정은 남성에게도, 여성에게도 열려 있는 것 같다. 하지만 젠더 규범에 기초한 남녀의 성별 역할 분담이 비교적 명료하게 이루어진 일본 사회의 경우, 다양한 업계를 대표하여 조직되는 이익집단은 기본적으로 각 업계를 구성하는 남성들에 의해 조직되어 있다.

표 3-2는 저명한 이익집단에서 임원 자리에 있는 남성과 여성의 인원수를 보여준다. 언뜻 봐도 알 수 있는 것처럼 구성원의 대부분을 남성이 차지하는 일본경제단체연합회는 물론이고, 농업 취업 인구의 절반을 여성이 차지하는 전국농업협동조합중앙회나 여성 의사가 전체의 20퍼센트를 차지하는 일본의사회에서도 임원의 압도적 다수가 남성임을 알 수 있다. 여성이 가맹 노동조합 구성원의 30퍼센트를 차지하는 일본노동조합총연합회만은 임원의 남녀 비율이 대체로 구성원의 남녀 비율을 반영하고 있는데, 여기에는 할당제로 여성 대표 13명이 뽑혔다는 사정이 있다.

여기서 부각되는 것은, 일본의 이익집단 정치란 남성 정치인이나

| 표 3-2 이익집단 지도자의 남녀 비율(2018년) |

단체	남성	여성
일본경제단체연합회	59명	1명
전국농업협동조합중앙회	29명	1명
일본의사회	13명	1명
일본노동조합총연합회	40명	21명

출전: 각 단체 웹사이트를 바탕으로 필자가 작성

관료에게 남성의 이익집단이 압력을 행사하는 과정이라는 점이다. 일본의 복지국가가 남성 부양자 모델을 기초로 하고 있음을 고려할 때 이익집단의 남성 편향을 간과해서는 안 될 것이다.

이익집단과 정치제도

물론 이익집단의 역학 관계가 그대로 정책에 반영되는 것은 아니다. 이익집단이 정치인이나 관료에게 어떻게 접근하고 영향력을 행사하는지는 정치제도의 양상에 크게 좌우된다. 이 점에 대해서는 다음의 사고가 널리 알려져 있다.

[다원주의와 코퍼러티즘]

66 다원주의하에서는 이익집단이 자유롭게 정치인이나 관료에게 접근하여 정책에 대한 영향력을 둘러싸고 경쟁한다. 이에 비해 소수의 정상급 단체를 미리 국가가 지정하고 그 단체들과 정부 사이의 합의를 통해 정책을 결정하는 구조를 코퍼러티즘(corporatism, 조합주의)이라고 한다. 다원주의가 사회의 이익을 아래로부터 길어 올리는 구조라면 코퍼러티즘은 소수 이익집단의 지도부에 권력을 집중하고 위에서부터 이해를 조정하는 구조다. 99

정치제도로서의 코퍼러티즘은 다원주의의 한계에 대한 해결책을 제공하는 것으로서 어떤 시기까지는 주목을 받았다. 1970년대 오일쇼크로 인해 선진국들에 인플레이션이 닥쳐왔을 때, 유럽 국가들에서 노동조합과 경영자 단체가 협력하여 임금 억제와 고용 확보에 대해 합의를 가능하게 하는 구조로서 코퍼러티즘 연구가 진행되었다. 일본의 사례는 정부와 재계가 강력하게 결탁하는 한편 노동조합의 영향력이 제한되었기 때문에 '노동 없는 코퍼러티즘'이라고도 불렸다.

또한, 코퍼러티즘은 평등주의적 제도라고들 해왔다. 이 구조를 통해 노동자와 경영자는 대등한 입장에서 테이블에 앉을 수 있다. 특히 북유럽 국가들처럼 노동조합이 강력하게 조직되어 코퍼러티즘을 통해 노사의 협조를 실현한 나라들에서 보편주의적 복지국가가 발달한 것은, 어떤 시기까지 '사회민주주의 코퍼러티즘'이라는 모델의 우위성을 보여주는 근거가 되었다.

다만 코퍼러티즘론에는 젠더 관점이 없다. 확실히 노동조합과 경영자 단체가 대등하게 교섭할 수 있는 것은 코퍼러티즘의 큰 매력일 것이다. 하지만 일본처럼 남녀의 성별 역할 분담이 이루어지고 있는 사회에서는 대부분의 노동조합도, 경영자 단체도 남성의 이익을 대표한다. 어떤 식으로든 여성의 이익을 반영하는 구조를 만들려면 다른 제도를 설계할 필요가 있다.

페미니즘 운동과 내셔널 머시너리

남녀 불평등을 바로잡고 여성의 권리를 촉진하는 정책을 요구할 때 페미니즘 운동이 큰 역할을 해왔다. 기존 정당이나 이익집단이 남성에게 지배당하고 있는 나라에서도 여성 스스로 운동을 조직하면 정책 변화가 촉구된다. 예컨대 라틴아메리카 국가들에서 여성 대상의 폭력에 대한 대처는 1990년대까지 대부분의 유럽 국가들보다 선진적이었다. 이는 페미니즘 운동이 이른 시기부터 여성에 대한 폭력에 주목하여 지역 차원에서 연대를 진행해왔기 때문이다.

그렇다면 페미니즘 운동의 요구가 정책에 반영되는 것은 어떤 경우일까. 이 문제에 대해서는 내셔널 머시너리(national machineries)와 여성정책국(women's policy agencies)이라 불리는 조직이 주목을 받았다. 내셔널 머시너리는 젠더에 관한 각국의 정책을 통일적인 관점에서 조정하는 것을 임무로 하는 행정 조직을 말한다.* 1975년 멕시코에서 제1회 유엔세계여성대회가 개최된 것은 이런 유의 조직이 세계 각국으로 확대되는 데 중요한 계기가 되었다. 제2장의 여성참정권 사례에서도 본 것처럼, 국제적인 규범의 전파를 통해 정책 변화가 촉구되었기 때문이다. 일본에서는 2001년에 설치된 내각부의 남녀공동참획회의와 그 사무국인 남녀공동참획국이 내셔널 머시너리에 해당한다.

* 한국에서는 2001년 여성부가 설립되었고 2010년 여성가족부로 개편되었다.

이러한 조직의 기능은 '젠더 주류화(gender mainstreaming)'를 행하는 데 있다. 흔히 젠더는 여성에게만 관련된 문제로서 다루어져 왔다. 하지만 복지 정책에서 안전보장 정책까지, 표면적으로는 젠더 중립적인 정책까지도 실제로 남성과 여성에게 다른 영향을 준다. 젠더 주류화란 여성 정책만이 아니라 모든 정책 영역에서 젠더에 기초한 불평등에 주의하며 정책을 형성해나가는 것을 가리킨다.

내셔널 머시너리의 설치가 초래하는 정책적 영향에 대해서는 도로시 맥브라이드 스테트슨과 에이미 마주어가 '국가 페미니즘(state feminism)'이라고 부른 사고가 잘 알려져 있다. 이 논의에 따르면 강력한 권한을 가진 내셔널 머시너리에 페미니즘 운동과의 연계가 있는 직원(페모크라트, femocrat[*])이 배치됨으로써 국가 내부에서 남성 우위의 정치를 바꿔나가는 길이 열린다. 페미니즘 운동만으로는 국가를 움직일 조직력을 얻을 수 없다고 해도, 행정 내부에 협력자가 존재한다면 남성 편향적인 정책을 시정할 수 있다는 것이 국가 페미니즘론의 입장이다. 국가와 집단의 이런 관계는 코퍼러티즘과는 크게 다르다. 강력한 내셔널 머시너리의 사례로서는 호주에서 1982년에 총리·내각부에 설치된 여성지위실(OSW, Office of the Status of Women)이 유명하다.

---

[*] feminist(페미니스트)와 bureaucrat(관료)를 합친 조어로, 국가의 관료 조직 안에서 일하는 여성주의자를 말한다.

국제 비교의 관점에서 보면 일본의 남녀공동참획회의·남녀공동 참획국의 권한은 비교적 약하다고 할 수 있다. 나중에 말하겠지만, 2000년대에는 '백래시(backlash)'라 불리는 보수파의 정치적 개입도 나타났다. 한편 남녀공동참획회의가 만들어짐으로써 전통적으로 여성 노동자와 관련된 정책을 관할해온 후생노동성에 더해 내각부에서도 페모크라트의 육성이 진전되었다는 논의도 있다. 또한 남녀공동참획국이 매년 발표하고 있는 『남녀공동참획백서』나 몇 년 간격으로 만들어지는 남녀공동참획 기본계획을 통해 정책 쟁점으로서의 젠더 인지도는 현격하게 상승했다.

'여성의 이익'의 다양성

표준적인 정치학 교과서에는 페미니즘 운동도 포함하여 여성운동이 좀처럼 등장하지 않는다. 그것은 교과서가 조직력이 강한 '중요한' 이익집단에 주목하기 때문일 것이다. 하지만 이러한 접근은 왜 여성의 이익을 대표하는 집단의 조직력이 약한지를 묻는 관점을 놓치고 만다. 젠더 관점에서 이익집단 정치를 볼 경우, 남성이 이익집단을 지배하는 이유와는 별도로 여성의 이익을 조직하는 것이 어려운 이유를 생각하지 않으면 안 된다.

여성운동을 논할 때는 어떤 여성의 운동인지가 항상 문제가 된다. 우선 제2세대 이후의 페미니즘 중에서도 기존 사회의 구조 아래 남녀 평등한 권리의 실현을 목표로 하는 리버럴 페미니즘과, 남성이 만들어낸 구조 자체를 전복하려는 목표를 둔 래디컬 페미니즘의 대립은 잘 알려져 있다. 근래에는 같은 여성이라 하더라도 인종이나 민족성(ethnicity) 등의 속성에 따라 다른 종류의 억압에 직면한다고 생각하는 상호교차성(intersectionality) 이론이 주목을 받고 있다. 한편 주부의 사회운동처럼 남녀의 성 역할 분담은 인정하면서도 단순한 소비자와는 다른 '생활인'으로서 지역사회에 공헌하는 데서 역할을 찾아내고, 국정에서의 이익집단 정치와는 거리를 두는 입장도 있다. 또한 더욱 적극적으로 전통적인 가족을 지키기 위해 보수적인 운동에 헌신하는 여성들은 전통적인 젠더 규범을 중시하는 남성과 함께 페미니즘 운동을 공격하는 측으로 돌아선다.

적어도 일본에서 여성은 남성에 비해 다양한 조건 아래에 놓여왔다. 그림 3-2는 국제사회조사프로그램(ISSP)의 2012년 조사 데이터에 기초해 일본 남성과 여성의 가사노동 시간과 유상 노동 시간 분포를 보여준다. 분포도 위의 점은 각 답변자의 위치를 가리킨다. 이 그림의 (a)와 (b)를 비교하면, 남성은 주 40시간 이상 일하는 풀타임 노동자가 많고 가사노동 시간은 대체로 짧다. 이에 비해 여성은 가사노동 시간도, 유상 노동 시간도 무척 불규칙하게 분포한다. (b)의 오른쪽 아래에는 가사노동 시간이 짧고 풀타임으로 일하는 여성 노동자가 있다. 반대로 왼쪽 위에는 파트타임 노동에 종사하며 장시

| 그림 3-2 일본 남성과 여성의 노동 시간(2012년) |

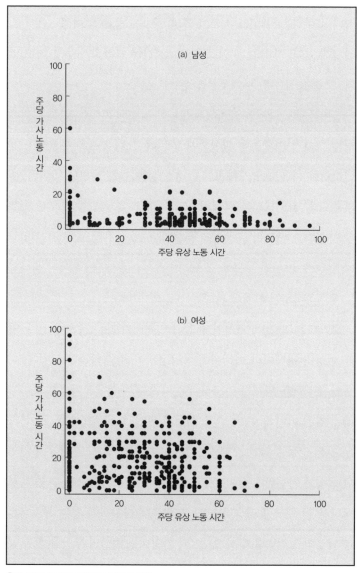

출전: ISSP 2012를 바탕으로 필자가 작성

간의 가사노동을 해내는 주부가 있다. 분포도의 오른쪽 위에는 가사와 육아라는 '세컨드 시프트'를 해치우는 풀타임 여성 노동자가 위치해 있다. 이 그룹은 실로 주 100시간에 가까운 노동을 하고 있다. 그 총 노동 시간은 대부분 남성보다 길다.

흥미롭게도 일본의 사례에서 보이는 남녀의 차이는, 다른 나라에서는 그다지 명확하게 관찰되지 않는다. 그림 3-3은 동일한 ISSP 데이터를 이용하여 스웨덴의 남녀 노동 시간을 나타낸 것이다. 이 분포도를 보면 남성과 여성의 노동 시간은 유상 노동과 무상 노동을 불문하고 비교적 균등하게 분산되어 있다. 유상 노동 시간이 남녀 모두 주 40시간 부근에 집중되어 있는 것은, 어느 쪽이나 풀타임 노동에 종사하는 사람이 많다는 것을 의미한다.

여기에는 '달걀이 먼저인가 닭이 먼저인가'라는 문제가 있다. 일본 여성의 관심이나 이해관계가 남성에 비해 다양하다는 것은, 여성의 조직화를 방해하고 남성 부양자 모델의 복지국가로부터 이탈하는 것을 어렵게 한다. 한편, 여성의 관심과 이해관계가 다양하다는 것은 남성 부양자 모델의 귀결이기도 하다. 가사 분담을 둘러싸고 남성과 여성이 교섭할 때는 가정 밖에서 수입을 얻을 수 있는 선택지를 쥔 쪽이 유리하다. 남녀 불평등을 시정하지 않는 복지국가는 남성의 교섭력을 강화함으로써 가정에서 여성의 부담을 한층 강화하는 작용을 한다.

| 그림 3-3 스웨덴 남성과 여성의 노동 시간(2012년) |

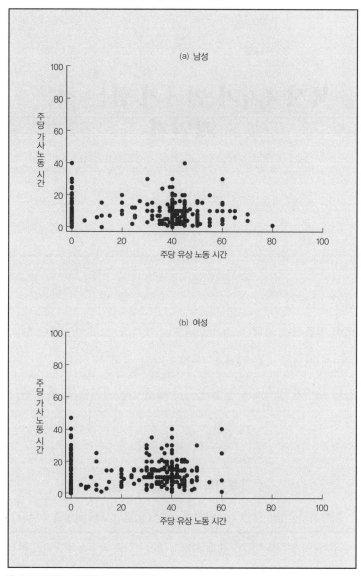

출전: ISSP 2012를 바탕으로 필자가 작성

3

복지국가가 변하기 힘든 것은 왜인가

◇◇

경로 의존성

한번 만들어진 정책은 좀처럼 바뀌지 않는다. 그것은 정책이 이익 집단의 정치적 역학 관계를 반영하여 만들어질 뿐 아니라, 그 역학 관계 자체가 정책에 의해 보강되기 때문이다. 이처럼 '정책이 정치를 만드는' 메커니즘은 특히 복지국가에서 강력하게 나타난다.

[복지국가의 경로 의존성]

66 복지국가는 한번 확대되면 축소하기 힘들다. 복지국가의 수익자가 급부금의 인하를 반대하기 때문이다. 마찬가지로 과거에 만들어진 복지국가의 형태는 설령 재정 상황이나 정치 상황이 변해도 이전 그대로 지속

된다. 이처럼 어느 시점에 선택된 복지 정책이 이후 시대의 선택지를 좁히는 것을 복지국가의 경로 의존성이라고 한다. **"**

　1980년대 이후 선진국들에서는 경제성장률이 여의치 않아 재정 상황이 악화되는 가운데, 연금 개혁이나 의료제도 개혁 등 복지국가 개혁이 쟁점으로 떠올랐다. 한편 그 시기에는 글로벌화의 진전에 따라 국제 경쟁이 격화하고 탈공업화가 이루어지면서 노동자의 조직력은 약화되어갔다. 이러한 조건 아래 '작은 정부'를 목표로 하여 사회보장 급부금의 삭감을 주장하는 신자유주의적인 개혁론이 각국에서 유행했다. 하지만 실제로 급부금 수준이 대폭 인하된 나라는 적다. 오늘날 일본에서도 복지 정책이 특별히 충실해진 것도 아니지만 극적으로 후퇴하고 있는 것도 아니다.

　여기서는 복지국가의 경로 의존성을 둘러싼 논의에 젠더 관점을 도입해보기로 하자. 그렇게 하면 일본 같은 남성 부양자 모델의 복지국가가 왜 지속되어왔는가 하는 의문에 대해 간결한 설명이 떠오른다. 즉, 남성 부양자 모델의 복지국가가 그 모델을 지탱하는 남성과 여성을 산출했기에 그 모델이 지금까지 지속되어왔다는 설명이다. 예컨대 남성 부양자 모델의 복지국가가 샐러리맨과 전업주부로 구성된 가족을 우대하면, 그 혜택을 받는 가족은 제도 변경에 반대할 것이다. 반대로 개인 모델의 복지국가에서는 육아 지원 덕분에 여성의 사회 진출이 활발해지고, 육아 지원에 대한 수요가 한층 강해질 것이다.

의도치 않은 귀결을 낳는 정책

경로 의존성이 있는 제도의 경우, 그것을 설계하는 최초의 시점에 장기적인 귀결을 확실히 알 수는 없다. 오늘날 보면 남성 우위를 가져오는 제도이긴 해도 당초에는 그런 의도를 섞지 않고 설계된 경우가 드물지 않다. 그럼에도 불구하고 한번 정착한 제도는 의도치 않은 결과를 낳고, 그것을 통해 남성 우위의 사회가 만들어지는 일도 있다. 몇 가지 예를 들겠다.

스웨덴에서는 돌봄의 사회화가 발전했다. 그 기원은 제2차 세계대전 후의 경제성장기에 노동력이 부족했을 때 유럽 대륙 대부분의 국가들처럼 이민을 받는 대신, 여성에게 노동 참여를 촉진하는 길을 택했기 때문이라고 한다. 그 결과 여성의 사회 진출을 지원하기 위한 공영 보육 서비스나 사회복지 서비스가 확대되고, 그렇게 해서 고용된 여성 노동자가 노동조합으로 조직화됨으로써 여성의 발언권이 강해졌다. 이것과는 대조적으로 일본에서는 고도성장기에 정부가 재정적인 이유로 공무원 수를 억제하기 시작했고, 그 때문에 공공 부문이 여성의 사회 진출을 후원하는 현상은 일어나지 않았다. 오늘날 일본의 공무원 수는 선진국 가운데 최저 수준이고 비정규화도 진행되고 있다. 비정규 공무원은 일반적인 공무원에 비해 대우가 훨씬 나쁘고 그 대부분은 여성이다.

미국에서는 고용에서의 남녀 차별이 일찍부터 금지되었다. 1964년 공민권법 제정 과정에서 고용에서의 인종차별 금지와 나란히 성차별 금지가 법안에 포함되었다. 이 수정안을 제안한 의원의 목적은 남녀평등을 실현하는 것이 아니라, 법안을 한층 엄격히 함으로써 법안에 대한 반대파를 늘려 공민권법 그 자체를 부수는 것이었다고 한다. 하지만 예상과 달리 공민권법은 의회를 통과하고 말았다. 이 경우에는 여성의 목소리가 성차별 금지를 가져왔다기보다 성차별을 금지하는 제도가 여성의 목소리를 강화한 것이다. 이에 비해 일본에 남녀고용기회균등법이 제정된 것은 1985년이고, 그 후에도 기업은 여성과 남성을 일반직*과 종합직**으로 나누는 코스별 인사를 통해 사실상 남녀 차별을 지속했다.

임신과 출산에 관한 모자 보건/권리 분야로 눈을 돌리면, 일본에서는 다른 선진국에 비해 경구피임약의 합법화가 늦어졌다. 그것은 제2차 세계대전 후 인구 정책의 일환으로 1948년 우생보호법(현재

---

* '일반 사무 등의 정형적, 보조적인 업무를 담당하는' 직이다. 지점, 공장 등 사업소 단위에서 채용하는 일이 많고, 이사를 동반하는 장거리 이동은 없다. 종합직을 보좌하는 일이고 업무 범위가 넓지 않으며 매뉴얼이 있는 일이 대부분이다.

** '기업에서 종합적인 판단을 요하는 기간 업무를 하는 직'이다. 장래에 기업의 중핵을 담당하게 될 간부 후보생이기도 하고 다양한 부서와 일을 경험하며 관리직이 되는 것이 기대된다. 기업이 전개하는 전 지역으로의 이동, 전근의 가능성이 있다.

의 모자보호법)에 의해 인공임신중절이 합법화되었기 때문이다. 여성의 자기결정권과는 관계없는 논리를 바탕으로 중절이 합법화된 결과, 중절 수술을 하는 것은 산부인과 의사의 기득 권익이 되어 1970년대에 우생보호법 개정에 의해 중절을 제한하려는 보수파의 움직임을 막는 원동력이 되었다. 한편 산부인과 의사는 중절 수의 감소를 불러오는 경구피임약의 승인에 신중했기 때문에, 그 도입은 1999년까지 늦어지게 된다. 미국에서는 1960년대에 경구피임약이 보급되는 한편으로, 여성의 자기결정권에 기초하여 중절의 권리를 옹호하는 입장과 종교적인 이유에서 중절 금지를 요구하는 입장이 계속해서 대립했고, 일본의 정책 선택은 미국과 대조적인 귀결을 가져왔다.[*]

일본에서 소득세의 배우자 공제는 1961년에 제정되었는데, 당초에는 주부를 우대하려는 동기에서 시작된 것이 아니라고 한다. 그 시작은 1950년대 말 자민당이 자신들의 지지층인 농가와 자영업자를 위해 가족 종업원을 대상으로 하는 공제 제도의 도입을 꾀한 데 있었다. 이에 대해 대장성(현 재무성)은 조세 형평성의 관점에서 급여 소득자에게도 감세 대책을 도입하려고 했다. 그 결과 샐러리맨의 소득에 대한 주부의 '내조의 공헌'을, 농가·자영업자에 대한 가

---

[*] 한국에서는 일제강점기부터 낙태를 처벌하는 조항이 있었는데, 1960년대 들어서는 산아제한을 한다는 이유로 정부에서 피임약을 보급하고 낙태를 권장하기까지 했다. 그리고 헌법재판소가 낙태죄 헌법불합치 결정을 내린 것은 2019년이었다.

족 종업원의 공헌에 적용함으로써 배우자 공제 제도가 도입되었다. 이 제도가 도입되자 샐러리맨을 지지 기반으로 하는 사회당 등의 야당은 제도 폐지는커녕 오히려 제도의 확충을 제창했으며, 그에 따라 자민당도 제도를 확대하게 되었다.

남성 부양자 모델과 저출산 고령화

현재 일본의 복지국가를 살펴보면, 남성 부양자 모델의 성격이 간단히 바뀔 기미는 없다. 그 경로 의존성을 만들어내는 데는 저출산 고령화가 큰 역할을 하고 있다.

남성 부양자 모델의 복지국가에서는 남성과 여성의 역할을 명확히 구분하는 젠더 규범에 기초하여, 가정에서의 가사·육아·간병을 여성에게 떠맡기는 것을 전제로 남성 공업 노동자를 노령과 실업 리스크로부터 지키기 위한 소득 보장이 이루어져왔다. 하지만 탈공업화가 진행됨에 따라 남성에게 안정된 고용이 공급되지 않게 되는 한편, 여성의 노동 참여가 확대되자 제도가 제대로 기능하지 않게 된다. 전업주부와 아이를 부양할 만한 소득을 얻을 수 있는 남성이 감소해가고, 여성은 결혼이나 출산 등 인생의 중대사로 인해 노동시장에서 퇴출되는 리스크가 높아진다. 공업 사회의 리스크와는 다른 이런 '새로운 사회적 리스크'에 직면하면, 가정과 일을 양립시킬 수 있는 환경이 갖춰지지 않는 여성은 결혼과 출산을 회피하게 되어 저출산 고령화가 진행된다. 현역 세대가 감소하고 고령 세대가 증가하면 사회보장 재정이 압박을 받는다.

이런 문제에 직면한 정부는 '남녀공동참획'이나 '젠더 평등'이라는 이념에 대한 관심과는 별도로, 출생률의 회복을 꾀하는 수단으로서 돌봄의 사회화를 진행하여 일과 육아의 양립을 위한 지원을 하려고 할지도 모른다. 유럽에서는 이처럼 경제적인 동기에서 복지국가를 재편하려는 전략을, 사회권의 보장에서 인적 자본에 대한 투자로 중심축을 옮겼다는 의미에서 '사회적 투자'라 부르기도 한다. 일본에서도 1990년대부터 각종 저출산 대책이 강구되었다.

하지만 정책적 변화는 느리다. 그림 3-4는 0~5세 인구와 보육 시

| 그림 3-4 보육원 정원과 저출산의 진행 |

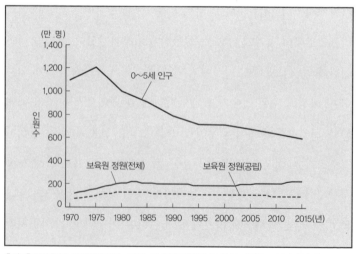

출전: 총무성 「일본 장기통계계열」, 후생노동성 「복지행정보고예」를 바탕으로 필자가 작성

설의 정원 추이를 보여준다. 이 그래프를 보면 어린이 수가 급격하게 감소하는 가운데 보육 시설의 정비는 점진적으로밖에 진행되지 않는다.

여기서는 저출산 고령화가 남성 부양자 모델 복지국가의 귀결일 뿐 아니라 그것이 지속되는 원인도 된다. 일과 육아의 양립 지원이 성공하면 출생률이 상승하는 만큼 양립 지원을 지지하는 현역 세대의 증가를 가져올 것이다. 반대로 저출산이 진행되고 고령자의 비율이 증가하면 연금 등 고령자를 위한 복지 정책에 관심을 갖는 층이 늘어나는 반면, 육아 세대의 인원수는 감소하여 돌봄을 사회화하는 것이 점점 더 어려워진다.

다시 말해 일본은 육아 지원이 충실해지기 전에 고령화가 진행되어 정책 전환이 어려워진 사례로 보인다. 그림 3-5는 OECD의 데이터를 이용하여 일본의 사회보장 지출 중 연금을 비롯한 고령자를 위한 재정지출과, 보육 서비스와 아동 수당 등 가족 관련 사회 지출이 GDP에서 차지하는 비율의 추이를 보여준다. 이 그래프를 보면 일본에서는 고령자를 위한 지출이 급속하게 상승해 사회보험 재정을 압박하고 있다. 반면에 가족 관련 지출은 제자리걸음이다. 앞으로 고령자 수가 육아를 담당하는 세대에 비해 압도적으로 많아지면, 가족 관련 지출을 증액하는 쪽으로 방향을 근본적으로 바꾸기는 정치적으로 어려울 것이다.

| 그림 3-5 일본의 사회보장 지출 |

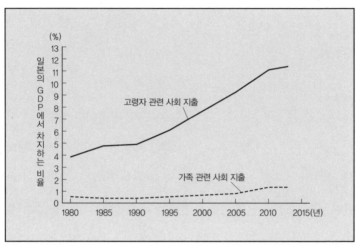

출전: OECD.Stat를 바탕으로 필자가 작성

| 그림 3-6 스웨덴의 사회보장 지출 |

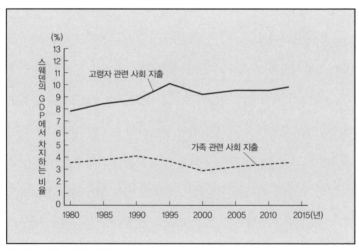

출전: OECD.Stat를 바탕으로 필자가 작성

이에 비해 일과 육아의 양립을 위한 지원을 일찍부터 충실하게 해온 나라에서는 대조적인 결과가 나타난다. 그림 3-6은 스웨덴의 고령자 연금 등의 지출과 가족 관련 지출의 동향을 보여준다. 스웨덴에서는 가족 관련 지출이 1980년대 단계에서 일본보다 월등히 높고, 고령자를 위한 지출도 일정한 비율로 움직였다. 여성과 남성의 일과 생활의 균형(work-life balance, 워라밸)을 지원하는 제도가 이른 단계에 정비됨으로써 저출산의 진행이 저지되었다는 것이 한 가지 원인으로 보인다.

이 두 나라를 비교하면, 일본 복지국가의 장래성에 대해 다소 비관적으로 전망하지 않을 수 없다. 이대로 저출산 고령화가 진행되면 현역 세대가 감소함으로써 고령자의 발언권이 한층 강화되는 결과를 가져올 것이다. 적어도 일본이 스웨덴의 길을 걷는 것은 어려워 보인다.

하지만 그 밖에도 길은 있다. 예컨대 선진국 가운데 출생률이 높은 나라로 알려진 프랑스의 경우, 원래는 보수주의적 복지 레짐의 성격이 강했다. 그러다가 여성의 취업을 지원하는 쪽으로 방향을 잡았을 뿐만 아니라, 다양한 가족 모델에 대해 지원하는 '자유 선택'이라는 방법으로 가족 정책을 진행해왔다. 그 결과 다양한 행위자(actor)의 합의 형성이 가능해져 복지국가를 재편할 수 있었던 것으로 보인다.

그렇긴 해도 기존 복지국가 모델이 자연스럽게 재편된 것은 아니다. 재편을 향한 길을 알아보려면 정책 변화의 메커니즘을 검토할 필요가 있다.

4

정책 변화는
어떻게 일어나는가

◇◇◇◇◇◇◇◇◇◇◇◇◇◇◇◇◇◇◇◇◇◇◇◇◇◇◇◇◇◇◇◇◇◇◇◇◇

정치 제도와 리더십

일본의 정책은 바뀌기 힘들다는 이미지가 강하다. 어느 시기까지 일본의 정치는 '결정할 수 없는 정치'에 빠져 있다는 말을 들었다. 총리가 종래의 정책을 변경하려고 해도 당내의 저항이나 연립 여당의 반대에 무너지고 만다. 중의원과 참의원의 다수당이 다른 '네지레 국회'* 아래서는 여당 내의 의견을 모으는 데 성공해도 참의원에서 야당의 저항을 만나 법안이 성립하지 않는다. 이런 정책의 경직성을 초래하는 정치 제도는, 영국의 웨스트민스터 모델** 같은 사실

---

* 일본의 국회는 중의원과 참의원으로 구성된 양원제다. 중의원의 과반을 차지한 여당이 참의원의 과반을 얻지 못한 상황을 '뒤틀린 국회'라는 뜻의 네지레 국회라고 부른다.

** 의회의 신임을 받아 구성된 행정부가 의회에 대하여 책임을 지는 제도.

상의 일원제 아래 단독 여당을 이끄는 강력한 총리의 리더십에 따라 정책이 결정되는 나라의 제도와 대비되었다.

입법 과정에 놓인 제도적인 절차 때문에 정책 변화에 대한 제약이 생기는데, 이런 제도의 작용을 설명할 때는 다음의 학설이 널리 알려져 있다.

[거부권 플레이어]

“ 정책 결정에 대한 거부권을 행사할 수 있는 주체의 수가 많을수록 정책을 변경하는 일은 어려워진다. 이러한 주체를 일반적으로 '거부권 플레이어'라고 한다. 거부권 플레이어는 연립 정권을 구성하는 정당 같은 당파적인 거부권 플레이어와, 양원제에서의 상원이나 대통령제에서의 행정부 같은 제도적인 거부권 플레이어로 나눌 수 있다. 거부권 플레이어의 수가 늘어날수록 정책에 반대하는 측이 유리해지고 현 상황은 변하기 어려워진다. ”

일본의 입법 절차를 보면 곳곳에 거부권 플레이어가 있다. 국회에서 만드는 법안의 주류를 차지하는 내각 제출 법안의 경우, 각 부성(府省) 안에서 검토를 한 뒤에 심의회에서 재계나 노동조합 등 이익집단과 합의 형성을 거치고, 법률의 원안을 작성한다. 다른 부성과 조정을 하거나 정부 여당의 사전 심사 등을 거쳐, 내각 법제국이 다른 법률과의 모순이나 합헌성을 체크하고 각의 결정을 한 후 국회에 법안이 제출된다. 그리고 중의원과 참의원의 본회의에서 가결되지 않으면 안 된다.

정책의 경직성에 대한 불만은 다양한 형태로 표명되어왔다. 예컨대 일본에서는 공적 채무의 잔고가 1,000조 엔을 넘어 연간 GDP의 두 배에 달한다. 이는 '구획된 다원주의' 아래에서 공공사업이 방만하게 확대되고 보조금 삭감을 할 수 없었기 때문이라고도 한다. 또한 일본은 헌법 9조의 존재로 예전에는 외국에서의 전쟁에 자위대를 파견하지 못했다.* 그 원인은 헌법 개정을 추진하는 자민당의 방침에 야당이 반대하고, 내각 법제국이 헌법 해석을 변경하는 것에 저항해온 데 있다고 볼 수 있다. 현 상황을 변경하고 싶은 입장에서 보면 일본의 정치는 성가신 제도적 구조를 갖고 있는 셈이다.

한편 1990년 이후 일본에서는 총리의 리더십을 강화하기 위한 정치 개혁·행정 개혁이 실시되었다. 이 개혁으로 인해 거부권 플레이어의 수가 줄고 총리의 의도에 따라 정책 변경이 쉬워질 것으로 예상되었다. 1994년 선거제도 개혁으로 중의원 선거제도가 중선거구제에서 소선거구 비례대표 병립제로 바뀜으로써 공인권**을 쥔

---

* 자위대의 전쟁 행위는 헌법으로 금지되어 있으나, 최근 들어 평화 유지 임무를 수행한다는 명분으로 해외 전쟁 지역에 자위대가 파견되고 있다.

** 선거에서 정당으로서 공인을 주는 권한으로, 주로 당 대표나 간사장이 쥐고 있다. 공인을 받으면 정당에서 선거 자금이나 집행부 지원 등을 받을 수 있다.

당 대표가 당을 통제하기 쉬워졌다. 또 2001년의 성청 재편으로 내각 관방(官房)*의 강화와 내각부의 설치가 이루어짐으로써 각 성에 대한 내각의 통제도 강해졌다.

총리의 권력 강화를 통해 2001년에 탄생한 고이즈미 준이치로 정권하에서는 '성역 없는 구조 개혁'으로서의 세출(歲出) 삭감이나 우정(郵政) 민영화가 이루어졌다. 2012년 제2차 아베 신조 정권에서는 일본은행에 대폭적인 금융완화를 요구하는 '아베노믹스'나 집단적 자위권의 행사를 인정하는 헌법 해석의 변경이 이루어지는 등 큰 정책 변화가 일어났다.

하지만 젠더 관점에서 볼 경우, 일본 입법 과정의 문제는 거부권 플레이어가 많은 것이 아니라 그 성별이 남성에 편중되었다는 데 있다. 이것을 고려하면 총리의 리더십에 주목하는 접근만으로는 많은 것이 간과된다. 특히 1990년대 이후 일본에서 생긴 다양한 정책 변화 중에는 남녀 불평등을 시정하고 여성의 사회 진출을 지원하며 여성의 권리를 지키는 것도 적지 않다. 조금씩이기는 하지만 페미니즘 운동의 요구는 정책에 반영되어 세상을 변화시키고 있다. 이러한 변화는 총리의 리더십과는 다른 메커니즘에서 생겨났다.

---

* 관청 부국(部局)의 하나로서 장관에 직속하여 기밀 사항, 인사, 관인 보관, 문서, 회계, 통계 따위의 총괄적 사무를 분담하는 기관.

외압과 국제적인 규범의 전파

일본에서 남녀평등을 위한 정책 변화를 설명하려면 외압을 빠뜨릴 수 없다. 표준적인 정치학 교과서에서 일본 정치를 해설할 때, '외압'이라는 말은 1980년대의 미일 무역 마찰을 중심으로 한 미국에서의 경제적 압력을 가리키는 일이 많다. 하지만 젠더 관점에서 바라보는 외압은 미국이 아니라 국제사회에서 오는 규범의 전파라고 볼 수 있다.

예컨대 앞에서 말한 것처럼 일본에 내셔널 머시너리가 설치된 것은 외압의 영향을 받은 사례로 알려져 있다. 1975년 제1회 유엔세계여성회의에서 발표된 세계행동계획은 내셔널 머시너리의 설치를 각국에 권고했다. 이 회의에 맞춰 총리부에 부인문제기획추진본부가 설치되고, 그 사무국으로서 부인문제담당실, 자문기관으로서 부인문제기획추진회의가 만들어졌다. 이 조직들은 각의(閣議) 결정에 따라 설치된 것이라 법적 근거가 없었고 영향력은 약했다. 하지만 그로부터 10년 후에 다시 변화가 일어난다.

1985년 나이로비에서 개최된 제3회 유엔세계여성회의에서 다시 내셔널 머시너리의 강화가 제창되었다. 일본에서도 거기에 대응하는 대처가 추진되어 '젠더 평등(gender equality)'의 번역어로서 '남녀공동참획'이라는 말이 생겨났다. 1994년에는 각령에 의해 남녀공동참획심의회와 남녀공동참획실이 설치되어 남녀평등 정책의 추

진 체제가 강화되었다. 1995년 베이징에서 열린 제4회 유엔세계여
성회의 개최의 영향을 받아 1999년에는 남녀공동참획 사회기본법
이 정해지고 이듬해에는 남녀공동참획 기본계획이 발표되었다. 그
리고 2001년 성청 재편에서 탄생한 내각부에 남녀공동참획회의와
남녀공동참획국이 설치되었다. 이렇게 일본에서 내셔널 머시너리
가 법률상의 근거를 얻었다.

또 한 가지 사례로서 유명한 것은 남녀고용기회균등법이다. 1979
년 유엔에서 여성차별철폐조약이 채택되었고, 그 이듬해에 코펜하
겐에서 열린 제2회 유엔세계여성회의에서 각국이 서명하게 되었
다. 이 조약에 서명하면 그것을 비준하기 위해 국내의 여성차별적
법률을 개정하지 않으면 안 된다. 그 때문에 일본 정부는 당초 서명
에 소극적이었지만 그 사실을 알게 된 국내 여성단체와 여성 관료
들이 압력을 넣었고, 정부가 방침을 바꾸어 조약 서명이 이루어졌
다. 그 후 국내에서의 조정을 거쳐 1985년 남녀고용기회균등법이
제정되어 기업이 채용을 할 때 명시적으로 여성차별을 하는 것이
금지되었다.

정책의 창

지금까지 살펴본 변화들이 밖에서 생긴 것이었다면, 1990년대에는
일본 국내에서도 변화가 생겨났다. 그 변화는 '정책의 창'이라 불리

는 메커니즘으로 설명된다. 이 메커니즘은 일반적으로 다음과 같이 소개된다.

[정책의 창]

66 정책 결정의 대상이 되는 쟁점, 즉 어젠다가 설정되는 과정에서는 서로 다른 세 가지 '흐름'이 합류할 필요가 있다. 정책적인 대응을 필요로 하는 문제가 떠오르는 '문제의 흐름', 정치 정세의 변화가 생기는 '정치의 흐름', 그리고 정책안이 만들어지는 '정책의 흐름'이다. 정책안은 어떤 문제가 생기거나 정치적인 변화가 일어난 후에 만들어지는 것이 아니다. 오히려 많은 정책안들이 먼저 만들어졌다가 잊히고 만다. 미디어가 특정 사회 문제를 보도하거나 극적인 정권 교체가 일어나면 비로소 지금까지 햇빛을 보지 못했던 정책안이 채택될 기회가 찾아오고 어젠다가 설정된다. 이 새로운 기회를 '정책의 창'이라 부른다. 99

이 모델이 시사하는 것은 거부권 플레이어 이론과 크게 다르다. 거부권 플레이어 이론에서는 이해관계자의 수가 늘어날수록 정책 변화가 생기기 어려워진다. 이에 비해 정책의 창 모델에서는 오히려 새로운 이해관계자가 등장하고 문제가 제기됨으로써 지금까지 묻혀 있던 정책안이 입법 과정에서 떠오른다. 양자의 차이는 두 가지 이론이 서로 다른 정책 과정을 다루는 데에서 찾을 수 있다. 거부권 플레이어 이론에서는 이미 쟁점이 설정되어 이해관계자의 입장이 명확해져 있는 국면이 상정된다. 이에 비해 정책의 창 모델에서는 쟁점이 설정되어 있지 않고 이해관계자의 입장도 명확하지 않은 단계를 다룬다.

젠더 관점에서 일본 정치를 분석할 경우, 정책의 창 모델은 큰 역할을 한다. 그 이유는 여성의 이익에 관한 정책이 대부분 애초에 정책 쟁점이 되지 않았기 때문이다. 연구자나 페미니즘 운동 당사자 사이에서 그런 정책에 관한 논의가 진척되었다고 해도, 행정 측에서는 검토를 하지 않고 정당의 입장도 명확하지 않은 경우가 많다. 이런 경우에는 어떤 사건을 계기로 당파를 초월해 의원들이 협력하여, 때로는 중앙 성청이나 정당에서의 절차를 우회하여 법안을 통과시킬 수 있게 된다.

예컨대 1990년 6월의 '1.57 쇼크'는 많은 사람들의 주목을 받아 정책 변화를 일으킨 사례다. 후생성이 발표한 인구동태 통계에서 전년도 1989년의 일본 합계 특수 출생률이 1966년 '병오년(丙午年)'을 밑돌아 역대 최저가 되었기 때문에 저출산의 진행이 문제로 인식되었다.[*] 그 결과 1992년에는 노동자에게 육아 휴업의 권리를 인정하는 육아휴업법이 제정되었고, 1994년에는 육아 서비스를 확충

---

[*] 1966년의 출생률은 1.58이었는데, 여기에는 병오년 태생의 아이를 터부시하는 미신이 큰 영향을 끼쳤다. 1989년의 출생률이 그보다 낮은 1.57이어서 사회적 충격이 컸다.

하는 엔젤 플랜이 책정되었다.

또한, 1993년 자민당이 물러나고 호소카와 모리히로 내각이 성립되자 연립 정권의 재편성이 일어났다. 그때 새로운 정치 세력이 참여함으로써 종래에는 선택되지 않았던 정책이 선택될 여지가 생겼다. 이런 변화는 거부권 플레이어의 수를 늘려 정책 변화를 막는 것이 아니라, 오히려 정책의 창을 열어 정책 과정에 새로운 어젠다가 등장하는 것을 가능하게 했다. 1994년 비자민당 정권이 퇴장하고 자민당·사회당·사키가케의 연립 정권이 발족하여 개호(간병)보험법이 성립하는 계기가 되었다. 1998년 참의원 선거를 경계로 자민당이 연립 상대를 재편성하고 공명당이 정권에 참여하자 아동 수당의 확충이 시도되었다.

1990년대 이후에 진전된 여성의 이익에 관한 정책 중에는 의원 입법을 통해 실현된 것도 많다. 의원 입법이란 개별 의원이 입법 보조기관인 중의원 법제국이나 참의원 법제국의 지원을 받아 스스로 법안을 작성하고 심의하여 가결하는 절차다. 의원내각제 국가인 일본에서는 내각 제출 법안이 주류이며, 의원 입법은 예외적이라고 간주되기 쉽다. 하지만 여성의 이익에 관한 정책을 변경할 때는 의원 입법이라는 구조는 중요한 역할을 해왔다. 1996년의 모체보호법, 1999년의 아동매춘·아동포르노금지법, 2000년의 아동학대방지법, 2001년의 배우자폭력방지법 등은 모두 의원 입법으로 성립된 사례들이다. 의원 입법의 최근 사례로 주목을 받은 것은 2018년에 성립한 후보자남녀균등법이다. 이 사례에 대해서는 제4장에서 다시 언급하기로 하자.

이처럼 젠더 관점을 도입한 경우, 종래와는 크게 다른 일본 정치의 모습이 나타난다. 거기서 총리의 리더십은 큰 역할을 하지 않는다. 오히려 남녀 불평등에 대처하기 위한 다양한 정책은 그 과정에서 정당 간 첨예한 대립을 보이지 않고 쟁점화가 되어 도입이 가능했다고 할 수 있을 것이다.

남성 리더십의 한계

젠더 관점에서 보면, 일본에서 총리의 리더십이란 남성의 리더십이다. 남성 총리가 남녀 불평등에 대처하는 정책을 말할 때는 왕왕 그것 자체가 목적이 아니라 다른 목적을 실현하기 위한 수단으로서 부상한다. 앞에서 봤던 1990년대 이후 개시된 일과 가정의 양립을 지원하는 것도 1.57 쇼크를 계기로 만든 저출산 대책의 수단이었다.

2001년에 들어선 고이즈미 정권은 여성의 사회 진출을 '성역 없는 구조 개혁'의 일환으로 논의했고, 남녀공동참획회의에서도 일과 육아의 양립 지원이나 다양한 일의 방식 실현을 목표로 논했다. 하지만 이러한 예는 고이즈미 정권의 남녀평등 지향을 보여주지 않는다. 오히려 고용의 규제 완화를 진행하는 가운데 남성 부양자의 고용에 의존한 가족 형태로는 경제적 리스크가 높아진다고 보고, 맞벌이 부부 가족 형태로 이행을 촉구하는 것이 기본적인 흐름이었다고 할 수 있다. 이 시기에는 파견 노동의 규제가 완화되고, 보육 서비스에서는 규제 완화와 민간 위탁 도입이 진행되었다. 이러한 정책은 탈상품화와 탈가족화를 함께 실현하는 개인 모델의 복지국가를 목표로 하는 구상과 크게 다르다.

애초에 고이즈미 총리 자신은 남녀 불평등 문제에 관심이 옅었고, 적극적인 리더십을 행사하지 않았다. 그 결과 2002년경부터는 '백래시'의 시기가 시작되었다. 그 움직임은 지방자치체에서 남녀공동참획조례에 대한 비판 등의 형태로 풀뿌리 운동으로서 생겨났고, 그 후 중앙 정계로 확산되었다. 특히 중심 타깃이 된 것은 젠더 프리 교육이라 불리는, 성별 역할 분담을 비판적으로 바라보는 교육이었다. 그리고 성교육 등의 '과도함'을 비판하는 보수파 의원을 중심으로 남녀공동참획회의에 압력이 가해진 결과, 2005년 제2차 남녀공동참획 기본계획에는 젠더 프리 개념을 부정하는 내용이 포함되었다.

2012년에 들어선 제2차 아베 신조 정권에서는 '남녀공동참획'을 대신하는 슬로건으로 '여성 활용', '여성 활약'이 등장했고, 행정 조직이나 기업에서 여성 등용을 촉구했다. 아베는 2000년대에 백래시를 주도한 정치인의 한 사람이고, 그의 정책은 남녀평등 지향에 기초를 두고 있지 않다. 오히려 여성의 등용은 경제성장을 목표로 하는 '아베노믹스'에서 성장 전략의 수단으로 자리매김되었다. 남성 부양자 모델이 흔들려서 생겨난 여성 빈곤을 표면화하지 않고, 여성이 관리직으로 진출하는 것에 초점을 맞춘 이유도 거기에 있다. 2015년에 안전보장법제를 둘러싸고 내각 지지율이 일시적으로 떨어진 후에는 '1억 총 활약 사회의 실현'을 새로운 목표로 제시했으며, 그 일환으로서 '꿈을 잇는 육아 지원'이 시작되었다. 여기에 '희망 출생률 1.8'이라는 목표치가 내걸렸고, 그것이 저출산 대책의 수단이라는 것이 명시되었다.

　남성 리더십에 위와 같은 한계가 있다면, 여성 리더십이 발휘될 때 남녀평등을 향한 정책 변화로 길을 열어줄 것이다. 거부권 플레이어로 가득한 정책 과정을 우회하여 정책 변화를 가져오는 데에 지금까지 수많은 여성 리더들이 길을 개척해왔다. 다음 장에서는 그런 주체가 출현하는 조건에 대해 검토할 것이다.

누가, 어떻게
'정치인'이 되는가

1

일본 정치의
두 가지 견해

◇◇◇

'86년 체제'와 '마돈나 붐'

1986년 일본 정치인들의 관심은 7월에 예정되어 있던 참의원 선거에 맞춰 중의원의 해산·총선거가 이루어질지 여부에 집중되어 있었다. 중의원과 참의원의 선거를 동시에 실시하는 중·참의원 동시 선거는 여당인 자민당에 유리하다고 하여 나카소네 야스히로 총리도 의욕을 보였다. 한편 참의원 선거에 맞추는 형태로 중의원을 해산하는 것은 국회 일정상 어려워 보였다. 5월 9일 나카소네가 해산 보류를 표명하자 언론에서는 중·참의원 동시 선거 시나리오가 사라졌다는 전망이 유력해졌다.

하지만 나카소네는 단념하지 않았다. 자민당 내의 반대를 무릅쓰고 6월 2일 임시국회를 소집하여 그 서두에 중의원을 해산한 것이다. '죽은 척 해산'이라고도 불린 이 해산으로 6월 21일 총선거가 공시되고 7월 6일에 중·참의원 동시 선거가 실시된 결과, 자민당은 중의원에서 300석을 차지하는 공전의 대승을 거두었다. 이 선거는 1970년대의 '보혁 백중(保革伯仲)'에서 1980년대의 '보수 회복'으로 그 흐름을 결정적으로 바꾸었다. 나카소네는 자민당과 사회당이 경합하는 '55년 체제'를 대신하여 '86년 체제'가 성립했음을 선언했다.

오늘날 이 86년 체제라는 말을 기억하고 있는 사람은 거의 없을 것이다. 그로부터 7년 후인 1993년 자민당에서는 도쿄 사가와큐빈 사건*을 발단으로 하는 당내 항쟁으로 대규모 분열이 일어났고, 당을 결성한 지 38년 만에 처음으로 정권을 넘겨주었기 때문이다. 일반적으로 55년 체제의 종언이라고 하면 이때의 역사적인 정권 교체를 가리킨다.

하지만 1986년의 중·참의원 동시 선거는 다른 의미에서 일본 의회 정치의 전환점이 되었다. 이 선거에서 참패한 사회당에서는 이시바시 마사시 위원장이 퇴임하고, 부위원장인 도이 다카코가 후임으로 선출되었다. 일본 의회 정당에서 처음으로 여성 당 대표가 탄생한 것이다. 도이가 이끄는 사회당은 3년 후인 1989년 참의원 선거에서 다수의 여성 후보자를 내세워 자민당을 누르고 일약 '마돈

* 거대 운송기업인 사가와큐빈이 자민당 정치인에게 불법 정치자금을 제공한 것이 드러난 사건.

나 붐'을 불러일으켰다. 이 선거 이후 일본 국회에서는 오랫동안 저조했던 여성 의원 수가 조금씩 늘어나기 시작했다.

이 에피소드에서 한 가지 중요한 교훈을 끌어낼 수 있다. 대의제 민주주의 아래에서 남성과 여성이 평등하게 대표되기 위해서는 우선 여성을 남성과 마찬가지로 선거 후보자로 내세우지 않으면 안 된다는 점이다. 선거에서 투표를 할 때 유권자는 어디까지나 후보자 중에서 선택하는 것에 지나지 않는다. 그런 의미에서 후보자를 내세우는 정당의 전략은 남성과 여성이 정치적으로 어떻게 대표될지를 크게 좌우한다. 제4장에서는 민주 국가에서의 선거 구조에 대해 생각해보기로 한다.

자민당 지배와 남성 지배

대의제 민주주의 아래에서는 선거로 뽑힌 시민의 대표자가 정책 결정을 한다. 그렇다면 선거 결과를 평가할 때 중요한 것은 당선된 정치인들이 시민을 적절하게 대표하고 있는가 여부일 것이다. 그런데 선거 때 여러 가지로 주목을 받는 것은 정당의 승패다. 표준적인 정치학 교과서에서는 정당에 대해 다음과 같이 해설한다.

[정당과 정당 시스템]

❝ 오늘날 민주국가에서는 정당에 의한 정치가 이루어지고 있다. 정당

이란 선거 참여를 통해 정권의 획득과 정책의 실현을 목표로 하는 집단이고, 거의 모든 정치인은 어떠한 정당에 소속되어 있다. 정당은 선거를 통해 다른 정당과 경쟁하고 그 상호작용의 패턴을 정당 시스템이라 부른다. 양당제인 나라에서는 의원 대부분이 두 정당으로 나뉘어 의석을 다투고, 다수당이 단독으로 내각을 구성한다. 다당제인 나라에서는 다양한 정당이 경쟁하고 연립 정권이 성립하는 경우가 많다. 일본의 정당 시스템은 거의 항상 자민당이 다른 정당에 비해 압도적으로 많은 의석을 차지하고, 그 총재가 총리가 되기 때문에 일당 우위 정당제라 불리고 있다. ❞

어느 시기까지 정당 시스템은 정치체제의 안정성을 좌우한다고 생각되었다. 제1차 세계대전이 종결된 1918년에서 제2차 세계대전이 시작되는 1939년까지 독일과 이탈리아에서 다당제의 침체 속에서 파시즘이 탄생한 것을 염두에 두고, 영국과 미국 같은 양당제가 바람직하다고 생각하는 논의가 있었다. 그뿐 아니라 전후 네덜란드와 벨기에의 안정을 염두에 두고, 민족과 종교로 시민이 분단된 사회에서는 다당제가 더 바람직하다고 생각하는 논의도 있었다.

이에 비해 근래에는 통치의 질에 끼치는 영향에 기초하여 정당 시스템을 비교하는 일도 많다. 예컨대 양당제 아래에서는 단독 정권이 성립하기 쉽기 때문에 책임의 소재가 명확해지고 정권 교체를 통해 지도자의 책무성을 확보하기 쉽다는 주장이 있다. 한편 다당제 아래에서는 다양한 정당이 정권에 참여하기 때문에 많은 유권자의 의견을 정책에 반영하는 데 적합하다는 주장도 있다.

일본의 일당 우위 정당제는 대체로 과반수 의석을 차지하는 자민당에 복수의 야당이 대항하는 모습을 띤다. 1955년에 성립한 자민당에 제1 야당인 사회당이 대항하는 구도는 '55년 체제'라 불렸다. 1993년의 총선거에서 자민당이 일시적으로 정권을 잃고 비(非)자민 정당의 이합집산이 되풀이되는 가운데, 공명당이 자민당과의 연립 정권을 구성하는 것이 보통의 상태가 되었다. 한편 사회당을 대신하여 신진당, 나아가서는 민주당이 최대 야당으로 부상했다. 민주당은 2009년 총선거에서 자민당을 무너뜨리고 정권을 획득했으나 2012년 자민당의 정권 복귀 이후에는 분열하여, 오늘날에는 다수의 야당이 난립해 있다.

이러한 일본의 정당 시스템 아래서는 보수 정당인 자민당의 우위로 인해 좌파적 성향을 띤 유권자의 의견은 정책에 반영되기 어렵다고 일컬어진다. 한편 자민당 내에서는 파벌이 강력한 영향력을 가져 당으로서의 일체성이 낮기 때문에 책임 소재가 불명확해지고 책무성이 확보되지 못한다는 논의도 있다.

하지만 자민당 지배에 시선을 빼앗긴 나머지 일본 정치의 또 한 가지 특징을 간과해서는 안 된다. 그것은 정치인 대부분이 남성이라는 사실이다. 일본의 역대 총리는 전원 남성이고 각료도 대부분

| 그림 4-1 총선거의 당선자에서 차지하는 자민당 후보자와 여성의 비율 |

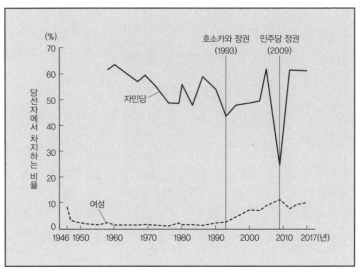

출전: 총무성 「중의원 의원 총선거·최고재판소 재판관 국민심사 결과조사」를 바탕으로 필자가 작성

남성이다. 그림 4-1은 일본 정치의 이 두 가지 측면을 시각화한 것이다. 여기에는 전후 일본의 총선거 당선자에서 차지하는 자민당 후보자의 비율과 여성 후보자의 비율 추이가 나타나 있다. 이 그래프를 보면 자민당이 정권을 잃은 1993년과 2009년의 총선거를 포함하여 여성의 당선자 비율은 일관되게 낮고, 1990년경부터 조금씩 늘어난 것에 지나지 않는다. 남성 지배는 자민당에 한정된 현상이 아니라는 사실을 알 수 있다.

남성 의원과 여성 의원의 정책 차이

젠더 관점에서 보면 자민당 정권에 대한 평가는 지금까지와는 달라질 것이다. 예컨대 1980년대 이전 자민당 정권의 입장은 흔히 '중도보수'라고 일컬어지며 폭넓은 층의 의견을 정책에 반영했다는 의미에서 나카소네 내각 이후의 '우경화'와 대비되는 일이 있다. 하지만 젠더 관점에서 봤을 경우, 온건했다는 자민당을 지배했던 것은 고령의 남성 정치인들이었다. 그들은 가족 정책 등을 통해 여성의 사회적 지위를 향상시키는 일에 관심이 적었다. 이런 각도에서 보면 일본에서는 여성의 의견이 대표되기 힘든 정치가 행해져왔다는 이야기가 된다.

그렇다면 여성 의원의 수가 적어서 실제로 여성의 의견이 대표되기 어려웠을까. 이 문제에 답하기 위한 가장 단순한 방법으로는 남성 의원과 여성 의원의 정책적 입장과, 남성 유권자와 여성 유권자의 정책적 입장을 대조하여 확인하는 접근 방법이 있다.

우선 한 예로서 일본의 안전보장에 관한 문제를 생각해보기로 하자. 표 4-1에는 2014년 총선거 때 이루어진 도쿄대학 다니구치연구실·아사히신문사 공동조사의 데이터를 이용하여 일본의 방위력을 강화해야 하는가 하는 질문에 대한 유권자(투표자)와 정치인(당선자)의 답변 분포를 표시했다. 각 행에는 선택지마다 남녀별 응답자수가 있고, 맨 아래에는 1(찬성)부터 5(반대)까지 응답을 5단계로 수치

| 표 4-1 유권자와 정치인의 정책 태도 비교(2014년) |

질문 : 다음의 의견에 대해 당신은 찬성합니까, 반대합니까? "일본의 방위력을 좀 더 강화해야 한다."						
	유권자			정치인		
	(a) 남성	(b) 여성	(b)-(a) 남녀 차이	(c) 남성	(d) 여성	(d)-(c) 남녀 차이
1. 찬성	187	118		160	13	
2. 굳이 말하자면 찬성	202	190		150	8	
3. 어느 쪽이라고도 말할 수 없다	137	237		74	12	
4. 굳이 말하자면 반대	61	61		9	3	
5. 반대	37	48		22	8	
평균치	2.29	2.59	0.30	2.00	2.66	0.66

출전: 도쿄대 아사히 조사(2014년 중의원 선거 여론조사·2014년 중의원 후보자 조사)를 바탕으로 필자가 작성

화한 평균치가 나타나 있다. 수치가 클수록 반대파 비율이 높다. 그 것을 유권자와 정치인 각각을 남녀별로 비교해봄으로써, 정책에 대 한 남성과 여성의 입장이 다르다는 것을 알 수 있다.

질문에 대한 답변 내역을 보면, 방어력 강화에 찬성하는 답변자 의 비율은 여성에 비해 남성이 높다. 이 경향은 유권자와 정치인 양 쪽 모두에서 나타난다. 남성 정치인의 입장(2.00)은 남성 유권자의 입장(2.29)에 가깝고, 여성 정치인의 입장(2.66)은 여성 유권자의 입 장(2.59)에 가깝다. 젠더에 기초한 정책적 관심의 차이가 유권자와 정치인에게 공통되게 나타났다고 말할 수 있을 것이다.

물론 이 결과는 일본의 방위력에 대해 묻는 항목에서 우연히 생 긴 것에 지나지 않을 가능성도 있다. 그래서 이 조사에서 정책에 대

| 그림 4-2 총선거에서 유권자와 정치인의 입장(2014년) |

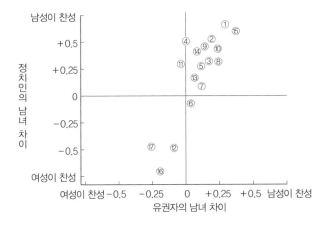

질문 항목

① 일본의 방위력을 좀 더 강화해야 한다.
② 타국의 공격이 예상되는 경우에는 선제공격도 망설여서는 안 된다.
③ 북한에 대해서는 대화보다 압력을 우선해야 한다.
④ 총리가 야스쿠니 신사에 참배하기를 바란다.
⑤ 사회복지 등 정부의 서비스가 나빠져도 돈이 들지 않는 작은 정부가 더 낫다.
⑥ 공공사업에 의한 고용 확보가 필요하다.
⑦ 당분간 재정 재건을 위해 세출을 억제하는 것이 아니라 경기 대책을 위해 재정 부양책을 실 시해야 한다.
⑧ 장기적으로 소비세율이 10퍼센트보다 높아지는 것은 어쩔 수 없다.
⑨ 기업이 내는 법인세율을 인하해야 한다.
⑩ 일본에서도 카지노를 해금해야 한다.
⑪ 치안을 유지하기 위해 프라이버시나 개인의 권리를 제약하는 것은 당연하다.
⑫ 영주 외국인의 지방 참정권을 인정해야 한다.
⑬ 외국인 노동자의 수용을 진행해야 한다.
⑭ 도덕 교육을 좀 더 충실하게 해야 한다.
⑮ 원자력규제위원회의 심사에 합격한 원자력 발전소는 운전을 재개해야 한다.
⑯ 부부가 원하는 경우에는 결혼 후에도 부부가 각자 결혼 전의 성을 쓰는 것을 법률로 인정해 야 한다.
⑰ 더 높은 지위나 좋은 직업을 가진 여성을 늘리기 위해 정부는 특별한 제도를 마련해야 한다.

출전: 도쿄대 아사히 조사(2014년 중의원 선거 여론조사·2014년 중의원 후보자 조사)를 바탕으로 필자가 작성

4장 누가, 어떻게 '정치인'이 되는가

한 찬부를 물은 모든 항목을 대상으로 같은 분석을 해서 그림 4-2로 나타냈다. 표의 가로축은 여성 유권자의 답변 평균치에서 남성 유권자의 답변 평균치를 뺀 수치이고, 오른쪽으로 갈수록 남성 유권자 쪽이 여성 유권자에 비해 찬성 비율이 높다. 세로축은 같은 수치를 정치인에 대해 집계한 것이고, 위로 갈수록 남성 정치인 쪽이 여성 정치인에 비해 찬성하는 비율이 높다. 모두 17개인 질문 가운데 ①은 앞에서 다룬 것이므로 유권자의 남녀 차이(0.30)와 정치인의 남녀 차이(0.66)는 표 4-1과 일치했다. 이 표의 오른쪽 위와 왼쪽 아래는 남녀의 정책 지향의 차이가 유권자와 정치인이 일치하는 영역이고, 17항목 중 15항목이 이 두 영역에 위치하고 있다. 이에 비해 표 오른쪽 아래와 왼쪽 위는 유권자 사이에서의 남녀 의견 차이가 정치인 사이에서의 남녀 의견 차이에 반영되어 있지 않은 영역이고, 여기에는 두 개 항목만 위치할 뿐이다. 전체적으로 보면 대부분의 항목이 유권자와 정치인 쌍방에서 남성이 찬성하는 비율이 여성에 비해 높은 오른쪽 위의 영역에 위치하고 있다.

크리티컬 매스에서 크리티컬 액터로

이처럼 남성 의원과 여성 의원의 의견은 남성 유권자와 여성 유권자의 의견에 대응하고 있다. 따라서 여성 의원이 적은 일본에서, 남성 유권자와 여성 유권자의 의견이 갈리는 항목에서는 여성 유권자의 의견이 대표되기 힘들다고 볼 수 있다. 더욱이 남성이 참가자의 다수를 차지하는 집단에서 여성이 의견을 개진하기 힘들다는 점을 생각하면, 일본 여성 의원의 영향력은 그 수에 비해서도 약할지 모른다. 제1장에서 소개한 크리티컬 매스 이론에 따르면 여성 의원의 수가 일정한 수준, 예컨대 30퍼센트 정도에 도달해야 비로소 여성 의원은 본래의 힘을 발휘할 수 있게 되어 남성 의원과 대등하게 의견을 말할 수 있게 된다.

이처럼 의원의 불균형한 남녀 비율을 바로잡으려는 논의에 대해서는 항상 보수파로부터 반발이 나온다. 의원은 성별에 상관없이 능력에 기초하여 뽑아야 한다는 비판이 나오는 것은 물론이고, 여성은 정치에 적합하지 않다는 편견도 뿌리 깊다. 그 때문에 근래에는 다양한 나라에서 여성 의원의 참여가 초래하는 영향의 크기를 측정하는 연구가 진행되었다. 그중에서도 인도는 1993년 헌법 개정으로 지방의회 의석의 3분의 1을 무작위로 여성에게 할당하였는데, 그 때문에 여성 의원의 참여 효과를 확인하기 위한 자연 실험으로서 다양한 연구의 대상이 되었다. 예컨대 면(面) 의회의 의장이 여성이 된 곳에서는 그렇지 않은 곳에 비해 여자 어린이의 교육 수준과 취업 지향이 상승하고, 여성의 기대에 부응하는 정책이 도입되었다는 것이 널리 알려졌다. 다른 나라에서도 여성 의원은 여성의 의견을 대표하고 여성에게 롤 모델을 제공하고 있다는 결과가 나오는 경우가 많다. 이는 나중에 말하게 될 젠더 쿼터의 도입을 지지하는 견해로 볼 수도 있을 것이다. 의회에서 남녀 비율의 편중을 시정하는 제도는 정치에서 남녀 불평등의 배경에 있는 젠더 규범을 변화시킬 가능성도 품고 있는 것이다.

더 넓은 각도에서 보면, 여성 의원의 능력이라는 논점이 떠오른 것 자체가 남성의 관점이 간과한 문제를 부각시킨다. 왜냐하면 표준적인 정치학 교과서에는 정치인의 능력에 관한 기술이 거의 존재하지 않기 때문이다. 세습 의원의 능력은 그렇지 않은 의원에 비해 높은 것일까. 관료 출신 의원의 능력은 그렇지 않은 의원에 비해 높은 것일까. 정치인이 남성뿐일 때는 이런 물음 자체를 던지지 않았다.

흥미롭게도 근래에는 페미니즘 측에서도 크리티컬 매스 이론에 불충분한 점이 있다는 의견이 제기되었다. 여성 의원의 비율이 30 퍼센트를 넘는 국가가 늘어나는 가운데, 그 정도만으로는 남녀 불평등을 시정하는 정책이 선택되지 않는다는 게 분명해졌다. 오히려 개별 국면에서는 다른 여성들을 끌어들여 입법 활동을 추진할 능력을 가진 '크리티컬 액터(critical actor)*'라 불리는 의원이 키를 쥐고 있다고 한다. 1990년대 이후 일본에서 남녀 불평등에 대처하는 정책이 만들어지게 된 것도 소수 여성 의원의 리더십이 큰 역할을 했기 때문이라고 한다.

* 소수라도 젠더 평등에 힘쓰는 여성 의원을 말한다.

일본에서 남성 지배의 지속

이렇게 여성이 정책에 영향을 미치는가 어떤가 하는 일반적인 물음이 아니라 어떤 여성이 어떻게 남성 지배를 바꿔나갈 수 있을까 하는 개별적인 물음에 관해 논의가 이루어지게 된 것은, 오늘날 세계적으로 여성 의원이 진출하고 있음을 반영한다고 할 수 있을 것이다. 그림 4-3은 몇몇 선진국의 여성 의원 비율의 역사적 추이를 보여준다. 여성 의원 비율이 가장 높고 남녀 평등한 나라로 알려진 스웨덴에서는 1980년대에 여성 의원 비율이 30퍼센트를 돌파했으며,

| 그림 4-3 선진국들의 여성 의원 진출 |

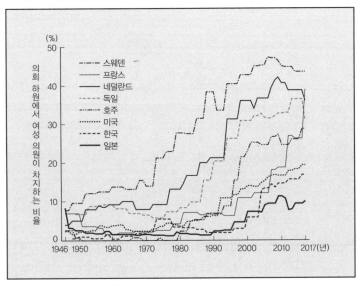

출전: V-Dem Version 9를 바탕으로 필자가 작성

2000년대에는 50퍼센트에 이르렀다. 다른 나라들도 여성 의원의 비율이 과거 수십 년 사이에 크게 증가했다.

이 동향에 비춰봤을 때 일본은 여성 의원의 비율이 낮은 수준에 머물러 있는 예외적인 사례다. 다른 나라에서 진행된 변화가 일본 에서는 일어나지 않은 것은 왜일까. 이 문제에 답하기 위해서는 선 거 결과가 어떻게 정해지는지를 검토하지 않으면 안 된다.

2

유권자는 누구에게
투표하는가

◇◇◇

투표 참여의 격차

대부분의 시민에게 선거에서 투표하는 것은 정치에 참여하는 유일
한 기회다. 하지만 세상에는 선거에 참여하는 유권자도 있고 참여하
지 않는 유권자도 있다. 그렇다면 선거에 참여하지 않은 유권자의 목
소리는 선거에 의해서는 충분히 대표되지 않을 것이다. 표준적인 교
과서는 유권자의 투표 참여 메커니즘을 다음과 같이 설명한다.

[투표 참여]

66 앤서니 다운스의 『경제 이론으로 본 민주주의』(1957)에 따르면 합리
적인 유권자는 자신의 이익을 실현하는 데 최적의 수단을 선택한다. 유권

자가 투표에 참여하는 것은 투표에서 얻을 수 있는 이익이 비용을 상회하는 경우다. 투표 비용을 낮추는 요인 중에서도 사회경제적 지위는 중요한 역할을 한다. 일반적으로 연령이 높고 교육 수준이나 소득 등의 자원에서 혜택을 받은 유권자가 그렇지 않은 유권자에 비해 시간적 여유와 정치적 정보가 많아 투표 참여에 적극적이다. 〞

사회경제적으로 혜택 받은 층이 선거에 참여하기 쉬운 것은 정치인이 빈곤층의 의견에 충분히 귀를 기울이지 않는 결과를 초래하여 정치적 불평등의 원인이 된다고 말해왔다. 마찬가지의 격차는 남성과 여성 사이에서도 생길지 모른다. 남녀의 성별 역할 분담이 이루어지는 사회에서는 남성이 경제적인 자원의 혜택을 받아 가사노동을 할 필요가 없는 만큼, 정치 참여에 쓸 시간을 많이 확보할 수 있다. 가령 유권자가 자신과 성별이 같은 후보자에게 투표하기 쉽다고 생각한다면, 그리고 남성이 선거에 더 많이 참여하는 경향이 있다면, 정치인도 남성이 더 많아지고 남성의 의견에 더 적극적으로 귀를 기울이게 된다고 예상할 수 있다.

다만 실제 선거를 보면 투표 참여의 남녀 격차는 선거 결과를 좌우하는 요인이 아니다. 현재 일본을 포함한 선진국들에서 선거권은 대체로 남녀 평등하게 행사되고 있다. 그림 4-4는 전후 일본의 총선거에서 남녀별 투표율을 보여준다. 이를 살펴보면 종전 직후의

| 그림 4-4 일본 총선거의 남녀별 투표율 |

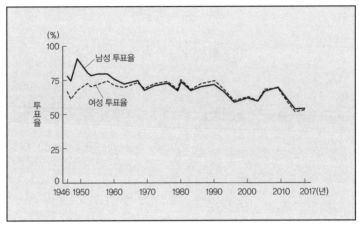

출전: 총무성 「중의원 의원 총선거·최고재판소 재판관 국민심사 결과조사」를 바탕으로 필자가 작성

총선거에서 남성이 여성보다 투표율이 더 높았지만 지금은 그 차이
가 없어졌다.

　다시 말해 오늘날 일본에서는 남성과 여성이 똑같이 유권자로서
선거에 참여하고 있음에도 불구하고, 당선되는 정치인은 대부분 남
성이다. 그렇다면 다음으로 생각해야 하는 것은 선거에 참여한 유
권자의 투표 행동 메커니즘이다.

투표의 기능은 무엇인가

유권자는 무엇을 기준으로 투표 행동을 하는 걸까. 다운스가 제시
한 합리적인 유권자 모델은 유권자의 투표 행동을 설명할 때도 중

요한 역할을 한다. 그것은 대체로 다음과 같이 정식화되었다.

[기대 투표와 업적 평가 투표]

    ❝ 합리적인 유권자는 정책에 의해 자신이 얻을 이익에 기초하여 투표할 곳을 선택한다. 그 방법은 두 가지가 있다. 첫째는 후보자의 공약을 비교하여 자신의 정책과 가까운 후보자에게 투표하는 '기대 투표'다. 이 방법을 이용하기 위해서는 유권자가 정책적인 의견을 지니고 있으면서 후보자의 공약을 알고 있을 필요가 있다. 둘째는 현직 후보자의 업적을 평가한 상태에서 현직의 재선을 지지할지 말지를 결정하는 '업적 평가 투표'다. 이 방법을 이용하기 위해서는 현직의 임기 중 실적을 알고 있을 필요가 있다. 이 두 가지 방법 중에서 업적 평가 투표가 기대 투표에 비해 필요한 정보가 적기 때문에 비교적 쉽게 행할 수 있다. ❞

    이 모델은 유권자의 의견을 정책에 반영하는 것(응답성)과 실패한 지도자의 책임을 묻는 것(책무성)이라는 선거의 두 가지 기능이 유권자의 투표 행동과 어떻게 관련되어 있는지를 명쾌하게 보여준다. 기대 투표는 응답성을 확보하고, 업적 평가 투표는 책무성을 확보한다. 다운스 이후 이 논의를 수리(數理) 모델로 확충하고 더욱 복잡한 투표 행동의 원리를 이끌어내는 연구도 진행되었다.

    하지만 젠더 관점에서 보면 다운스의 모델이 그리는 유권자는 대표성에 관심이 없다. 그 선택의 대상이 되는 것은 후보자의 정책이지, 성별이 아니다. 제2장에서 소개한 앤 필립스의 개념을 빌리자면, 거기서 전개되는 것은 '존재의 정치'가 아니라 '이념의 정치'다. 따라서 다운스의 모델만으로는 일본에서 보이는, 남성 의원이 의회의 압도적 다수를 차지한다는 의미에서의 대표성 결여를 설명할 수가 없다. 의회에서의 남성 지배는 다운스가 그리는 유권자의 합리적 선택과는 다른 메커니즘을 통해 생겨나고 있을 가능성이 큰 것이다.

투표 행동과 젠더

애초에 현실의 유권자는 다운스의 모델대로 행동하는 걸까. 유권자가 후보자의 공약을 비교하거나 정권의 업적을 판단할 때, 정책과 관계없는 요소가 들어가는 게 아닐까. 투표 행동 연구의 역사에서 이러한 의문은 거듭 제기되었다. 선거를 통해 책무성이나 응답성을 확보하려는 시도는 유권자의 능력을 과대평가하는 것일지도 모른다.

[비합리적인 유권자]

66 현실의 유권자는 기대 투표나 업적 평가 투표를 할 능력이 없다. 첫째로 유권자는 대부분 정책에 대한 지식이나 의견을 결여하고 있고, 정치인

의 개성이나 정당에 대한 친근감 등 정책과 관계없는 요소에 기초하여 투표하는 경향이 있다. 둘째로 유권자는 정권의 업적을 전체적으로 판단할 능력이 없고, 오히려 최근 경기 동향 등을 보고 투표할 곳을 정한다. 99

유권자의 투표 행동 연구는 정치학에서 통계학적 분석 기법의 이용이 가장 앞선 분야 중 하나다. 여론조사 데이터를 분석한 수많은 연구 성과가 발표되어 유권자의 비합리성을 드러내는 갖가지 증거도 발견되었다.

젠더 관점에서 본 경우, 유권자의 비합리성은 자신이 남성이든 여성이든 정책과는 관계없이 남성 후보자에게 우선적으로 투표하는 경향으로 나타난다. 여성은 정치에 참여해서는 안 된다는 젠더 규범을 내면화한 유권자는 그 후보자가 남성이라는 이유만으로 남성 후보자에게 투표한다. 여성 후보자는 '여성스러운' 행동을 하면 정치적인 능력이 부족하다는 말을 듣고, 정치인으로서 리더십을 발휘하려고 하면 '여성스러움이 부족하다'는 비판을 받는다.

이러한 견해에 기초하여 생각하면 일본에서 여성 의원이 적은 것은 일본의 유권자가 다른 나라에 비해 남성 우위의 젠더 규범을 강하게 내면화하고 있기 때문일지도 모른다. 그림 4-5는 세계가치관 조사(제6차)의 데이터에 기초하여 여러 나라 유권자들의 가치관을 비교한 상태에서, 동 시기 의회 하원의 여성 의원 비율과 대조한 것이다. 가로축은 '남성이 여성보다 정치 지도자에 적합하다'는 사고에 동의하는가에 대한 답변의 평균치를, 세로축은 여성 의원의 비율을 보여준다. 이 표를 보면 스웨덴에서는 질문에 전혀 동의하지 않는 유권자가 대부분을 차지하는 데 비해, 일본에서는 동의하는 유권자와 동의하지 않는 유권자의 비율이 크게 다르지 않다. 다시 말해 일본에서는 남성 우월주의적 젠더 규범이 강하고, 그것 때문에 여성 후보자가 불리하다고도 볼 수 있는 것이다.

다만 여기서 보여준 여론조사 결과를 다룰 때는 주의할 필요가 있다. 같은 질문을 던지더라도 나라별 언어나 문화의 차이에 따라

| 그림 4-5 선진국에서 시민의 가치관과 여성 의원의 비율 |

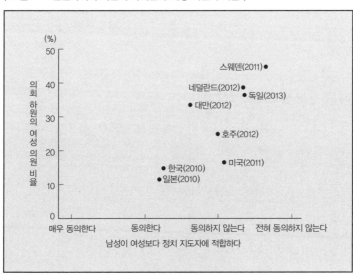

출전: WVS Wave 6 및 V-Dem Version 9를 바탕으로 필자가 작성

답변의 패턴이 다르다. 이 조사의 경우, '모르겠다'고 한 답변자의 수가 일본은 눈에 띄게 많다. 근래에는 실험적인 기법을 이용하여 유권자의 젠더 편향(gender bias)의 강도를 측정하는 연구도 활발하게 이루어지고 있다. 하지만 질문 항목의 설정 방식이나 조사의 실시 방법에 따라 검출되는 편향의 강도는 크게 달라진다.

어쨌든 유권자의 젠더 편향을 언급하는 것만으로는 일본에 여성 의원이 적은 이유를 설명할 수 없다. 2005년에 도호쿠대학의 연구 그룹이 실시한 조사에서는 일본의 평균적 유권자가 타당하다고 생각하는 여성 의원의 비율은 약 33퍼센트라는 결과가 나왔다. 실제 여성 의원의 비율은 이 수준을 크게 밑돌고 있다. 다시 말해 일본에서는 유권자가 바라고 있는 것 이상으로 여성 의원이 탄생하기 힘든 구조가 존재한다고 볼 수 있을 것이다.

여성 후보자가 없는 선거

투표소로 찾아가는 유권자의 관점에서 보자면 여성 정치인이 탄생하지 못하는 이유는 비교적 명백하다. 애초에 여성 후보자가 적기 때문이다. 그림 4-6은 전후 일본의 총선거에서 남녀별 후보자 수를 보여준다. 이 그래프를 보면 현재에 이르기까지 일관되게 후보자 대부분이 남성이라는 사실을 알 수 있다. 최근인 2017년의 총선거에서도 입후보한 1,180명 중 여성 후보자는 209명에 지나지 않았

| 그림 4-6 총선거의 남녀별 후보자 수 |

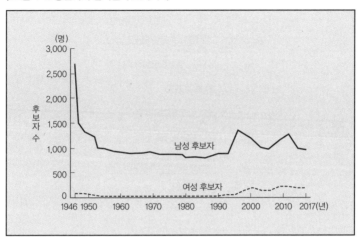

출전: 총무성 「중의원 의원 총선거·최고재판소 재판관 국민심사 결과조사」를 바탕으로 필자가 작성

다. 다시 말해 입후보 단계에서 여성의 비율이 극히 낮은 이상, 설령 여성이 남성과 같은 비율로 당선된다고 해도 여성 당선자 비율은 극히 낮아진다. 유권자가 어떻게 투표하든 여성이 선거에 입후보하지 않는 것이야말로 일본에서 여성 의원이 적은 결정적인 원인인 것이다.

덧붙여서 말하자면 일단 선거에 나가면 여성 후보자는 남성 후보자와 호각지세로 싸울 수 있다. 그림 4-7은 근래 일본의 국정 선거와 지방 선거에서 후보자와 당선자 중에서 여성이 차지하는 비율을 비교했다. 이 그래프를 보면 총선거 이외의 선거에서 후보자와 당선자의 여성 비율은 거의 달라지지 않는다. 2017년 총선거에 한해

| 그림 4-7 국정 선거와 지방 선거에서 후보자와 당선자의 여성 비율 |

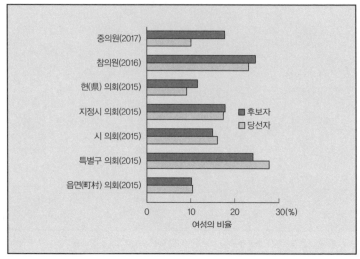

출전: 총무성 「지방선거 결과조사」, 총무성 「중의원 의원 총선거·최고재판소 재판관 국민심사 결과 조사」를 바탕으로 필자가 작성

서 말하자면, 후보자 중 여성이 차지하는 비율이 18퍼센트였는데 당선자 중 여성이 차지하는 비율은 10퍼센트에 그쳤다. 그것은 여성 후보자가 많은 일본공산당이 당선할 가능성이 없는 후보자를 많은 수로 내세운 이유가 크다.

여성 후보자를 내세우지 않는 정당

일본의 선거에서는 투표가 시작되기 전 단계에서 유권자가 선택할 수 있는 여성의 수가 극히 적다. 여성 후보자는 왜 그렇게까지 적은 것일까.

첫째로, 이는 일본에 국한된 것이 아닌데, 정치인을 지망하는 여성의 수가 남성에 비해 적다는 문제가 있다. 어느 시기까지 어느 나라에서나 여성의 사회 진출이 활발하지 않고, 정치인이 되기 위한 발판이 되는 직업을 가진 여성도 제한되어 있었다. 그 때문에 경제 발전을 통해 교육이 보급되면 여성 의원도 늘어날 것이라는 다소 낙관적인 논의가 유력했던 적도 있다. 그런데 각국에서 여성의 사회 진출이 늘어나는 가운데에서도, 정치인이 되려는 여성의 수는 많은 나라에서 아직도 제한되어 있다는 사실을 알게 되었다.

이 문제에 대해서는 제니퍼 롤리스와 리처드 폭스가 미국에서 실시한 대규모 사회조사가 잘 알려져 있다. 2001년 변호사, 경영자, 대학교수, 정치 활동가 등 미국에서 정치인의 주된 공급원이 되는 직업의 남녀 수천 명을 대상으로 실시한 조사였다. 이에 따르면, 남성(1,870명)은 59퍼센트가 입후보를 생각하고 그중 20퍼센트가 실제로 공선직(公選職)에 입후보했다. 이에 비해 여성(1,653명) 가운데 입후보를 생각한 적이 있는 사람은 43퍼센트, 실제로 입후보한 사람은 그중 15퍼센트에 지나지 않았다. 입후보한 사람 수를 비교하면 남성은 216명, 여성은 105명이었다.

남녀 격차가 생기는 원인을 조사해보니, 여성과 남성의 차이는 어렸을 때부터 시작되었다. 여성은 부모와 정치 이야기를 하거나 입후보를 권유받는 일이 남성에 비해 적고, 성인이 된 후에도 가족이나 친구로부터 입후보하라는 말을 들은 경험이 적었다. 그리고 자신의 능력에 자신감이 적은 여성일수록 남성에 비해 입후보를 단념하는 경향이 강했다고 한다. 이는 사회화를 통해 젠더 규범이 이식되는 메커니즘을 보여준다.

동기에서 보이는 남녀의 격차는 정치 활동의 비용에서 기인하는 부분도 있다. 유권자는 대부분 여성 후보자에게 편견을 갖기 이전에 애초부터 정치에 대한 관심이 희박하다. 그 때문에 정책 쟁점에 관한 정보를 모으거나 후보자가 내세우는 정책을 알려는 노력을 하지 않는다. 이렇게 소극적인 유권자를 앞에 두고 있을 때 후보자에게 요구되는 것은 선거 활동을 통해 유권자와의 접촉을 되풀이하여 호감도를 높이는 전략이다. 텔레비전이나 광고 등을 통한 간접적인 선거운동을 하든, 선거구 지지자의 경조사 참가 등을 통한 직접적인 선거운동을 하든 많은 시간과 재원이 필요해진다. 젠더 관점에서 보면, 이것은 특히 여성 후보자에게 불리하게 작용한다. 여성은 가사노동을 담당할 것이 기대되어 때로는 가족의 협력을 얻기 힘들어 당선하는 데 필요한 지지 기반을 쌓기 어렵기 때문이다.

하지만 일본의 선거에서 여성 후보자가 적어지는 메커니즘은 아마 미국과 다를 것이다. 미국의 경우, 양당의 후보자는 당 본부의 자금 지원을 거의 받지 못하기 때문에 변호사나 경영자 등 개인적으로 재원이나 인맥을 많이 가진 사람이 유리하다. 따라서 그러한 직업을 가진 여성이 늘어나면 여성 후보자가 증가한다고 예상할 수 있다. 이에 비해 일본의 후보자는 지방 의원이나 의원 비서, 관료, 노동조합 등 정당이 설정한 직무 경력을 통해 추대되는 일이 많다. 이 직무 경력을 통한 후보자는 남성의 비율이 압도적으로 높고, 여성 후보자는 운동선수나 탤런트처럼 높은 지명도에 힘입어 추대되는 사례가 두드러진다. 다시 말해 일본의 선거에서 여성 후보자가 적은 원인을 파악하려면 유권자의 젠더 편향이나 입후보하려는 의욕의 남녀 차이와는 별도로, 정당이 여성 후보자를 모집하지 않는 원인을 살피지 않으면 안 된다. 이것이 다음에 힘써야 할 과제다.

3

정당과 정치인의
행동 원리

❖❖❖❖❖❖❖❖❖❖❖❖❖❖❖❖❖❖❖❖❖❖❖❖❖❖❖

게이트키퍼로서의 정당

정당은 리더의 조직화를 통해 사회에 존재하는 다양한 관심을 집약
하고, 입법 활동을 통해 공공 정책으로 변환하는 역할을 한다. 그렇
다면 정당이라는 조직은 왜 생겨난 것일까. 많은 표준적인 정치학
교과서에는 정당이 다음과 같이 탄생했다고 쓰여 있다.

[사회적 균열 이론]

❝ 각국의 정당 시스템은 각 나라의 가장 중요한 사회적 균열을 반영한
것이다. 사회적 균열이란 계급, 인종, 종교, 언어 등 사회집단 사이의 대립
축을 가리킨다. 예컨대 격렬한 종교전쟁이 발생한 나라에서는 종교 정당

이 세속 정당과 대립한다. 사회가 다양한 민족 집단으로 나뉘어 있는 나라에서는 민족적으로 다수파 정당과 소수파 정당이 대립한다. ""

이러한 사고에 따르면, 정치 질서의 안정을 뒤흔드는 사회 변동이 일어날 때 새로운 정당이 생긴다. 산업혁명이 일어나면 자본가가 대두하여 자유주의 정당이 생겨날 것이고, 산업 노동자가 증가하여 선거권을 획득하면 사회민주주의 정당이 세력을 확대할 것이다. 1960년대에 이런 사고가 제시되었을 때, 사회적 균열의 생성으로 정당 시스템이 변동한 것은 유럽에서 20세기 초두 보통선거권이 확대된 단계에서 일단 그쳤다고 생각되었다. 하지만 그 후 유럽에서는 탈물질주의적 가치관이 퍼지고 환경보호를 요구하는 녹색당이 세력을 확대한다. 그리고 시대가 흘러 지역 통합을 통해 이민이 증가하자, 이민 배척을 내세우는 극우 정당이 대두했다. 이런 신흥 정당의 수법은 흔히 '포퓰리즘'이라 불리며, 엘리트가 이끄는 전통적인 정당에서는 대표되지 않는 '인민'의 목소리를 진정한 의미로 대표한다고 일컫는 점이 특징이다.

그러나 젠더 관점에서 보면, 정당을 만들 수 있는 것은 어디까지나 자신의 요구를 널리 쟁점화하는 데 성공한 집단에 한정된다. 가령 사회집단의 대립이 존재한다고 해도 충분히 집단이 조직화되지 않으면 거기에서 정당이 생겨나는 일은 없다. 페미니즘 운동의 경우를 생각해보면, 미국이나 영국의 제1세대 페미니즘은 참정권 획득에 성공했지만 국정 정당*은 만들어내지 못했다. 1960년대 이후 제2세대 페미니즘의 융성도 여성 정당을 결성할 만큼의 사회적 균열을 만들어내지는 못했다. 일본에서는 1977년 '중절 금지법을 반대하고 경구피임약 해금을 요구하는 여성해방연합'을 모체로 일본여성당이 설립되었다. 하지만 그해 참의원 선거에서 후보자 전원이 낙선하여 해산했다. 주부 운동을 모체로 하는 생활자 네트워크도 지방 의회에 후보자를 내보냈지만 국정에는 진출하지 못했다.

그 결과 각국의 정당 시스템은 남성이 이끄는 정당이 차지하게 되었다. 당연하게도 기존 정당 중에서 뽑히는 총리나 대통령 등 정치 지도자는 계속해서 남성이 압도적 다수를 차지하게 된다. 예외적으로 여성 총리나 대통령이 탄생한 경우가 있다 해도 남성 정치 지도자의 친족인 경우가 적지 않다. 아시아권에서는 인도의 인디라 간디 총리(1966년, 1980년), 필리핀의 코라손 아키노 대통령(1986년), 태국의 잉락 친나왓 총리(2011년), 한국의 박근혜 대통령(2013년), 미얀마의 아웅산 수찌 국가고문(2016년) 등이 그런 예에 해당한다.

따라서 젠더 관점에서 보면 정당은 여성 후보자를 배제하는 게이

---

* 일본의 공직선거법 등이 규정하는 정당의 요건을 갖춘 정치 단체. 국회의원 5인 이상이 소속되어 있을 것, 또는 국회의원 한 명이 소속되어 있고 최근 국정 선거에서 전국 2퍼센트 이상의 득표를 한 것이 설립 요건이다. 이 조건을 충족하지 못하면 정당으로 인정받지 못하고 정당 보조금도 받을 수 없다.

트키퍼(문지기)로서의 역할을 해왔다. 남녀 불평등 해소를 목표로 하는 여성도 남성이 지도하는 정당에서 입후보할 필요가 있다. 그리고 정당 안에 여성 부문을 만드는 형태로 연대하고, 정당 내부에서 남녀 불평등 해소를 위해 활동하는 루트를 선택하는 것이다. 그러므로 여성 의원이 늘어날지 말지는, 기존 정당이 여성을 후보자로 내세울지 말지에 달려 있다.

이 문제에 관해 일반적으로 좌파 정당은 평등주의적 지향이 강하기 때문에 여성을 적극적으로 기용하는 경향이 있다고 여겨졌다. 하지만 일본에서 55년 체제하의 최대 야당이었던 사회당은 오랫동안 여성 후보자를 내세우는 데 소극적이었고, 당의 지지 모체인 노동조합의 조직적 기반을 그 이유로 꼽을 수 있다. 여성의 노동 참여가 낮은 수준에 머물러 있던 일본에서는 공공 부문, 민간 부문을 불문하고 남성이 노동운동의 주력이고, 그것이 사회당의 후보자를 내세우는 전략에도 반영되었다. 1990년대에 사회당 세력이 쇠퇴하고 대신 민주당이 새로운 최대 야당으로 부상한 후에도, 후보자 대부분이 남성이라는 것은 최근까지 크게 변화하지 않아 남성 우위가 지속되고 있다.

다시 말해 정당을 지배하는 남성이 여성의 입후보를 인정하지 않는다면 유권자가 여성을 선택할 기회도 사라진다. 다음에는 지금까지 여성의 입후보를 적극적으로 인정하지 않았던 일본 정당의 남성 지배 기반에 대해 검토해보기로 하자.

정당 조직과 정치인

정당은 개별 정치인이 거기에 소속함으로써 성립한다. 따라서 정치인의 관점에서 보면 정당은 어떤 편익을 가져다주고 있을 것이다. 정당 조직의 기능에 대해서는 다음의 학설이 유명하다.

[정당 조직론]

66 정당에는 정치인이 효율적으로 선거 활동이나 입법 활동을 하도록 돕는 기능이 있다. 첫째로, 정당은 후보자의 선거 활동을 지원함으로써 정치인 사이의 협력을 원활하게 한다. 둘째로, 정당은 당의구속을 통해 투표 행동을 조정함으로써 정치인의 의견 집약을 쉽게 한다. 셋째로, 정당은 연공서열을 비롯한 승진 구조를 조정함으로써 정치인에게 안정된 승진의 지름길을 제공한다. 이상의 이유에서 정치인에게는 정당에 소속하는 것의 편익이 무소속으로 싸우는 것의 편익을 상회한다. 99

정당 조직의 메커니즘에 대해서는 일본의 정당 중에서도 자민당에 관해 많은 분석이 이루어져왔다. 특히 중요한 역할을 하는 메커니즘으로는 연공서열의 관행이 유명하다. 정당에서의 직무 배분에 일정한 공식이 있는 것은 아니지만, 당선 횟수가 많은 의원일수록 정당 내에서 지위가 상승하는 경향이 있다. 일본의 자민당 중의원 의원의 경우 대체로 5선 이상이 관료가 된다는 일반적 통념이 있다. 이 제도는 정치인에게 오랫동안 하나의 정당에 소속하게끔 하는 동기를 제공함으로써, 유력한 인재를 정당에 모아 당의 응집력을 유지하는 작용을 한다. 당선을 거듭함으로써 요직에 취임한 정치인은 명성과 자금력이 상승하고, 당내 젊은 의원에게 영향력을 행사할 수도 있게 된다. 이 구조는 자민당 정권이 장기화하는 과정에서 만들어졌다.

하지만 젠더 관점에서 보면 이런 메커니즘은 여성 정치인의 승진을 방해하여 '유리 천장'을 만들어내고 있다. 연공서열의 규칙하에서는 젊을 때부터 정치인이 될 수 있는 세습 의원이 좀 더 일찍부터 당선을 거듭할 수 있기 때문에 유리하다. 남성 우위의 사회에서 여성은 남성에 비해 세습의 혜택을 받기 어렵기 때문에 출세가 빠른 의원은 대부분 남성이다. 그림 4-8은 2017년 총선거 후 일본의 중의원에서 의원의 당선 횟수 분포를 보여준다. 남성과 여성의 당선 횟수를 비교하면 당선 횟수가 많은 의원은 대부분 남성이고, 10선 이상의 여성 의원은 한 사람도 없다.

이렇게 생각하면 적어도 일본에서 정치인에게 효율적인 정당 조직은 주로 남성 정치인에게 효율적일 가능성이 높다. 여성 정치인에게는 남성 정치인만큼의 편익이 배분되지 않는다.

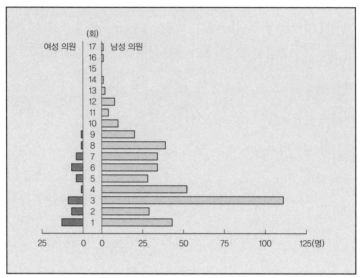

| 그림 4-8 중의원 의원의 당선 횟수 분포(2017년) |

출전: 중의원 웹사이트 「의원 정보」를 바탕으로 필자가 작성

정당 간 경쟁의 작동

정당이 내부에서 변하는 것은 어렵다고 해도, 외부의 압력을 받아 변화가 촉구되는 경우가 있다. 경쟁적인 선거가 이루어지는 민주국가에서는 선거에서 이기는 것을 목표로 하든 정책 실현을 목표로 하든, 정당의 행동은 항상 다른 정당이 어떤 전략을 채택하는가에 의존하기 마련이다. 정당 사이의 경쟁은 다음과 같이 전개된다.

[정당 간 경쟁의 작용]

66 정당은 더 많은 유권자의 지지를 얻어야 하므로 극단적인 정책을 내세우는 것을 피한다. 특히 양당제 아래의 두 정당은 비슷한 정책을 내세우는 인센티브가 작동한다. 그리하여 경쟁이 작동한 결과 한 정당이 유권자의 지지를 많이 얻는 정책을 내세워 당세 확대에 성공하면, 다른 정당도 같은 정책을 내걸고 따라가게 된다. 결과적으로 정당의 정책은 유권자 대부분이 지지하는 방향으로 수렴된다. 99

이 모델은 선거에서 이루어지는 정당 간 경쟁 작동에 대해 일종의 낙관적인 견해를 보여준다고 할 수 있다. 전후 일본의 일당 우위 정당제하에서도 정당 간 경쟁 메커니즘이 작동한 결과, 사회의 폭넓은 층의 의견을 반영한 정책이 선택되었다고 여겨진다. 1960년대 이후 자민당은 창당 때의 목표였던 헌법 개정을 뒤로 미뤄두고 공해 대책이나 복지 정책 등 야당의 정책을 선취함으로써 우위 정당으로서의 지위를 유지해왔다.

한편 젠더 관점에서 보면, 정당 간 경쟁에는 여성 의원을 늘리는 기능도 있다. 여성 후보자를 내세우는 것이 선거 전략상 유리한 조건하에서는, 남녀 불평등 문제에 관심이 없는 정당도 여성 후보자를 내세우라는 압박을 받는다. 스웨덴을 비롯한 북유럽 국가 등 여성 의원의 비율이 높은 나라의 사례를 보면, 정당의 정책적인 입장의 좌우에 관계없이 각 당 모두 선거 때 많은 수의 여성 후보자를 내세우고 있다. 원래라면 전통적인 젠더 질서를 유지하고 싶을 보수 정당도 좌파 정당과 경쟁을 벌이는 가운데 여성 의원 확대를 강요받았기 때문이라고 볼 수 있을 것이다.

그렇다면 의문이 떠오른다. 1960년대 이후 자민당이 야당과 경쟁 속에서 정책을 변경하는 유연성을 갖고 있었다면, 왜 여성 의원의 수는 늘리지 않았을까.

야당으로부터 탄생하는 여성 지도자

이 문제를 풀 열쇠는 야당의 전략에 있다. 왜냐하면 당세 확대를 위한 새로운 전략으로 여성 후보자를 개척하는 압력은 보통 여당보다 야당 쪽에 더 강하게 작용하기 때문이다. 특히 선거에서 표를 많이 잃은 야당은 여성을 당 대표로 내세움으로써 때로 대담하게 방침 전환을 꾀해왔다. 영국에서는 1974년 총선거에서 패한 보수당이 이듬해 마거릿 대처를 당수로 선출하여 1979년 총선거에서 정권을 탈환했다. 독일에서는 1998년 연방의회 선거에서 크게 패한 기독교민주연합(CDU)이 2000년 앙겔라 메르켈을 당 대표로 선출하여 2005년 총선거에서 재집권에 성공했다. 대만에서는 2008년 입법위원 선거와 총통 선거에서 정권을 내준 민진당이 차이잉원을 당주석으로 선출하며 당세 회복을 꾀했다. 차이잉원은 2012년 선거

패배의 책임을 지고 사임했다가 2014년에 당 주석으로 복귀했고, 2016년에는 국민당 후보를 물리치고 첫 여성 총통에 취임했다.

다시 말해 일본의 사례를 읽어낼 때의 포인트는, 자민당이 여성 의원을 늘리지 않은 점이 아니라 야당이 여성 의원을 늘리지 않은 점이다. 자민당과 사회당으로 구성된 55년 체제 아래에서 사회당의 목적은 자민당이 헌법 개정을 발의하는 데 필요한 3분의 2 의석 획득을 저지하는 데 있었다. 그리고 과반수의 획득에 필요한 후보자를 내세우는 것조차 하지 않고, 후보자 수를 점점 좁혀 안정적인 의석의 확보를 목표로 했다. 그 때문에 선거 결과가 크게 요동치는 일도 없는 대신, 사회당에 여성 의원을 기용하게 하는 압력이 작용하기도 힘들었던 것으로 보인다.

이상과 같은 상황이 변한 것은 이 장의 첫머리에서 소개한 1986년 중·참의원 동시 선거였다. 그해 사회당은 대도시권의 여성 표를 얻기 위해 '마돈나 작전'이라는 이름으로 여성 후보자의 영입을 추진했다. 하지만 의석이 유례없이 감소하였고 도이 다카코를 첫 여성 당 대표로 선출했다. 그 후 1989년 참의원 선거에서 사회당은 다수의 여성 후보자를 영입하여 '마돈나 붐'을 일으켰고, 선거에서 처음으로 자민당보다 많은 의석수를 확보했다. 이어 이듬해인 1990년 총선에서는 여성 후보자 수가 35명에서 66명으로 급증했다. 그 이후에도 자민당의 몰락과 정권 복귀를 거치면서 여성 의원은 지속적으로 증가했다. 2005년 고이즈미 정권하에서 우정민영화에 반대하여 많은 의원이 탈당했을 때는 탈당한 의원의 선거구에 여성 후보자가 '자객'으로 보내졌다. 2009년 총선거에서는 야당인 민주당이 '오자와 걸스'라 불리는 여성 후보자를 내세워 대승했다.

2012년 총선거로 민주당 정권이 퇴장한 이후 자민당이 압도적인 우위를 차지했고, 정당 간 경쟁은 다시 약해졌다. 이런 상황에서 자민당으로서는 여성 후보자를 급격하게 늘릴 동기가 없다. 앞으로 일본에서 여성 의원의 증가세가 다시 올지 말지는, 야당이 여성 후보자를 영입하고 그 결과 지지 확대에 성공할지 말지에 달려 있다. 이러한 선거 전략은 정당을 둘러싼 게임의 규칙, 즉 선거제도의 작용에 의해 크게 좌우될 것이다.

4

선거제도의
영향

◇◇◇◇◇◇◇◇◇◇◇◇◇◇◇◇◇◇◇◇◇◇◇◇◇◇◇◇◇◇◇◇◇◇◇◇◇◇

두 가지 민주주의

정치학에서는 선거제도의 영향에 관한 연구가 폭넓게 이루어져왔
다. 선거제도가 어떻게 설계되었는지는 유권자와 정치인의 행동에
큰 영향을 주고, 최종적으로는 대의제 민주주의의 질을 좌우한다.
이 문제에 대해서는 다음 학설의 영향력이 크다.

[다수결형과 합의형]

66 아렌트 레이프하르트의 『민주주의의 유형』(1999)에 따르면 민주주
의에는 다수결형과 합의형이라는 두 가지 형태가 있다. 다수결형 민주주
의는 경쟁적인 선거와 정권 교체를 통해 다수파의 손에 권력을 집중하는

모델이고, 지배자의 책무성 확보를 중시한다. 합의형 민주주의는 정당 간의 협력을 통해 권력을 분산시키는 모델이고, 다양한 의견을 널리 대표하는 데 적합하다고 여겨진다. **"**

이 두 가지 민주주의 모델의 특징을 규정하는 요인 중에서도 선거제도는 중요한 위치를 차지한다. 레이프하르트에 따르면 영국을 비롯한 다수결형 민주주의 나라에서는 소선구제를 통해 양당제가 형성되고, 선거 때마다 다수당에 의한 단독 정권이 조직된다. 이에 비해 네덜란드를 비롯한 합의형 민주주의 국가에서는 비례대표제를 통해 다당제가 형성되고, 연립 정권에 의한 통치가 일반적인 상황이 되었다.

이런 경향은 이른바 '뒤베르제의 법칙'[*]에 기초해 있다. 이 생각에 따르면 소선거구제는 양당제를 낳는다. 첫째로 소선거구제하에서는 득표율에 관계없이 가장 많은 표를 얻은 후보자 한 사람이 당선되기 때문에, 상대적으로 득표율이 높은 큰 정당은 더 많은 의석을 획득한다.(기계적 효과) 둘째로 선거제도의 기계적 효과에 의해 자신의 표가 사표가 되는 것을 두려워하는 작은 정당 지지자는 상위 2개의 당 중에서 상대적으로 호감이 가는 후보자에 표를 던지고, 그 결과 큰 정당은 더욱 유리해진다.(심리적 효과) 이에 비해 비례대표제는

---

[*] 소선거구제가 양당제를 가져오고, 비례대표제가 다당제를 가져온다는 정치학의 법칙.

다당제를 낳는다. 비례대표제의 경우에는 각 정당의 득표율에 따라 의석이 배분되는 구조를 채택하고 있다. 그래서 작은 정당도 의석을 얻기 쉽기 때문에 선거에 참가하는 정당의 수가 많아지는 만큼 다당제 경향이 강해진다.

선거제도의 분류로 보자면, 일본은 상대적으로 합의형 민주주의에 가까운 특징을 갖고 있다고 일컬어졌다. 1993년까지 일본 중의원에서 사용되어온 중선거구제하에서는 유권자가 복수의 후보자 중에서 한 사람을 골라 투표하고, 상위 3명 내지 5명의 후보자가 당선된다. 이 제도하에서는 소선거구제에 비해 당선에 필요한 득표율이 낮기 때문에 사회당 외에도 민사당, 공명당, 공산당 같은 야당이 분립하여 사실상 비례대표제에 가까운 효과가 생겨났다.

그에 비해 1996년 이후의 총선거에서는 일부 의원을 소선거구제로 뽑고, 그 이외의 의원을 비례대표제로 선출하는 소선거구 비례대표 병립제라는 혼합형 선거제도가 채택되었다. 이 구조는 소선거구제로 선출된 의원의 비율이 비례대표제로 선출된 의원보다 높았기 때문에 양당제로의 경향을 낳을 것으로 예상되기도 했다. 하지만 현실적으로는 비례대표제의 요소가 남겨짐으로써 복수의 야당이 난립하고, 전체적으로는 자민당의 일당 우위 정당제가 지속되는 한편 근래에는 자민당과 공명당의 연립 정권이 이어지고 있다.

그렇다면 이 두 가지 민주주의 모델을 젠더 관점에서 보면 어떻게 될까. 아주 흥미롭게도 『민주주의의 유형』에는 다수결형 민주주의 국가에 비해 합의형 민주주의 국가에서 여성 의원의 비율이 더 높다는 견해가 나타나 있다. 여성 의원이 많은 나라로는 특히 스웨덴 등의 북유럽 국가들이 해당한다. 이로부터 레이프하르트는 합의형 민주주의는 '약자에게 다정한 민주주의'라는 결론을 내린다. 그림 4-9를 보면, 가로축은 레이프하르트가 정치제도를 분류하기 위해 작성한 다수결형인가 합의형인가를 보여주는 지표(1981년부터 2010년까지의 '정부·정당 차원'의 지표)를 나타내고, 세로축은 2010년

| 그림 4-9 합의형 민주주의와 여성 의원의 비율(2010년) |

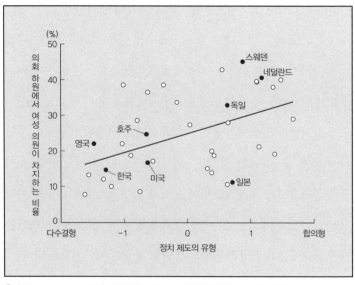

출전: V-Dem Version 9 및 레이프하르트(2014), 270쪽을 바탕으로 필자가 작성

현재 의회 하원에서 여성 의원이 차지하는 비율을 보여준다. 전체적인 경향을 파악하기 위해 여기에 회귀직선을 적용시켰다. 회귀직선이란 두 가지 변수 사이의 평균적인 분포의 경향을 보여주는 직선의 일종이다. 이 그래프를 보면 확실히 정치제도와 여성 의원의 비율 사이에는 상관관계가 있는데, 일반적으로 합의형 민주주의 나라에서 여성 의원이 차지하는 비율이 높은 경향을 보인다.

하지만 레이프하르트는 합의형 민주주의가 왜 여성의 대표성을 확보하는 데 적합한지를 설명하지 않았다. 합의형 민주주의에서는 다양한 집단이 각 정당을 조직하고 연립 정권에 참여함으로써 권력을 공유한다. 하지만 이미 말한 것처럼 여성의 이익을 중심 목적으로 하여 조직된 정당이 큰 세력을 갖고 있는 나라는 존재하지 않는다. 또한 상대적으로 합의형에 가까운 일본에서는 여성 의원의 비율이 극단적으로 낮다. 그렇다면 합의형 민주주의 국가에 여성 의원이 많은 것은 『민주주의의 유형』에는 적혀 있지 않은 메커니즘이 작동하고 있기 때문이 아닐까 하는 의문이 떠오른다.

정당을 고를 것인가, 후보자를 고를 것인가

애초에 선거제도는 큰 정당과 작은 정당 사이의 역학 관계를 좌우할 뿐 아니라, 유권자가 정당과 후보 중 어느 쪽에 표를 던지느냐를 규정한다. 그 결과 후보자의 선거운동 전략과, 후보자와 정당 지도부 사이의 역학 관계도 큰 영향을 받는다.

[정당 중심의 제도와 후보자 중심의 제도]

66 유권자가 후보자 개인에게 투표하는 제도하에서는 후보자가 선거운동을 통해 지지자를 획득하는 일이 당선의 열쇠를 쥐기 때문에, 정당 지도부가 선거운동에서 하는 역할은 작아진다. 이에 비해 유권자가 정당에 투표하는 제도하에서는 후보자가 정당의 공인을 얻지 못하는 한 당선될 수 없기 때문에, 정당 지도부의 영향력은 강해지고 선거 결과가 후보자의 선거운동에 의존하는 정도는 작아진다. 99

여기서부터 선거제도의 분류에 새로운 시야가 열린다. 소선거구제는 후보자 중심의 선거제도이지만 후보자가 정당으로부터 나오는 자금에 얼마나 의존하고 있는가에 따라 정당 지도부의 영향력은 다르다. 또한 비례대표제는 반드시 정당 중심의 선거제도는 아니다. 구속명부식* 비례대표제하에서는 정당 지도부가 비례명부를 결정하기 때문에 정당 중심의 선거가 이루어진다. 이에 비해 어떤 시기까지의 이탈리아나 오늘날의 일본 참의원처럼 비구속명부식 비례대표제를 이용하는 경우 유권자는 정당만이 아니라 후보자 개인

---

* 비례대표제에서 각 당이 확보한 의석을 후보자에게 배분할 때, 정당이 사전에 신고한 후보자 명부의 순위에 따라 의석을 부여하는 방식.

에게도 투표하고, 후보자의 득표에 따라 명부상 순위와 정당 득표 수가 정해진다. 그 때문에 후보자는 자신의 지지자를 확보할 필요가 있다.

이 논의를 젠더 관점에서 보면, 구속명부식 비례대표제하에서는 여성 의원의 비율이 높아지기 쉽다. 이 경우 후보자 개인의 선거운동에 의존하는 부분이 적기 때문에 선거운동에서 여성이어서 불리한 부분이 줄어들고, 정당 지도부가 여성 후보 추천에 적극적이라면 그만큼 여성 당선자 비율은 높아지기 마련이다. 실제로 여성 의원의 비율이 높다고 알려진 나라들에서는 모두 구속명부식 비례대표제를 시행하고 있다. 또한 이 제도는 선거구 정수(district magnitude)가 많은 점에서도 후보자 개인의 선거운동에 의존하는 부분이 적어, 여성 후보자에게 유리해진다. 선거구 정수가 한 명인 소선거구제의 경우 최고 득표자만 당선되기 때문에 선거운동에서 불리함을 안고 있는 여성 후보자가 의석을 확보하기는 어려워진다.

이미 말한 것처럼 선거구 정수라는 점에서 보면 일본에서 오랫동안 시행되어온 중선거구제는 비례대표제와 비슷한 점도 있었다. 한편, 이 제도는 같은 선거구에서 동일한 정당의 후보자끼리 다투기 때문에, 후보자 개인이 후원회 등의 형태로 기반을 조직화하고 개인적으로 정치자금을 확보할 필요가 있는 후보자 중심의 제도였다. 그 때문에 공공사업이나 보조금을 이용하여 유권자를 동원할 목적으로 하는 이익 유도 싸움이 일어나 록히드 사건[*]이나 리쿠르트 사건^{**}으로 상징되는 정치 부패가 만연했다.

1994년 선거제도 개혁에서 중의원의 중선거구제가 폐지되고 소선거구 비례대표 병립제가 도입된 데에는 정치 부패에 대한 유권자의 비판이 배경에 있었다. 이 국면에서 당시 일본의 여성 의원들 사이에서는 개혁에 대한 반대론이 강했다. 원래 중선거구제는 후보자 중심의 제도라는 점에서 여성 후보자에게 불리했지만, 소선거구제는 선거구 정수가 적은 면에서 여성에게 더욱 불리할 것이라고 여겼던 것이다.

결과론이 되겠지만, 여성 의원들의 걱정은 기우로 끝났다. 그림 4-10은 제2차 세계대전 후에 이루어진 총선거에서 여성 당선자의 비율을 선거제도별로 표시한 것이다. 이를 보면 1996년 이후의 선거에서 확실히 소선거구제로 선출된 여성의 비율은 비례대표제로 선출된 구에 비해 낮은 것을 알 수 있다. 하지만 중선거구제와 소선거구제의 단순한 비교는 불가능하다고 해도, 소선거구제로 당선된 여성의 비율은 중선거구제 시대에 비해 상승했다. 다시 말해 당시 예상되었던 것 이상으로 일본의 여성 의원은 선거에 강했던 것이다.

* 미국의 방위산업체인 록히드사가 항공기 판매를 위해 일본, 서독, 이탈리아 등의 정부 고위 관리에게 뇌물을 준 사건.
** 일본의 정보산업회사인 리쿠르트사가 정계, 경제계 등의 유력 인사들에게 미공개 주식을 뇌물로서 양도한 사건.

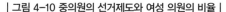

| 그림 4-10 중의원의 선거제도와 여성 의원의 비율 |

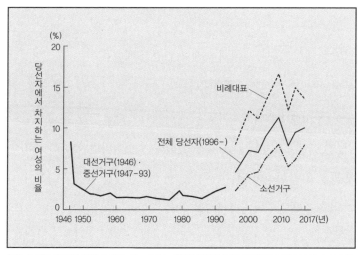

출전: 총무성 「중의원 의원 총선거·최고재판소 재판관 국민심사 결과조사」를 바탕으로 필자가 작성

할당제

1994년의 선거제도 개혁 과정에서는 젠더 관점이 전혀 고려되지 않았다고 말해도 좋다. 비례대표제가 도입된 것은 여성 의원을 늘리기 위해서가 아니라, 소선거구제하에서 불리해지는 작은 정당의 반대를 누그러뜨리기 위해서였다. 바꿔 말하면 여성 의원이 늘어난 것은 어디까지나 개혁의 부산물인 것이다.

더욱 의도적으로 의원 수의 남녀 불균형을 바로잡으려면 다른 종류의 선거제도를 생각할 필요가 있다. 그 제도란 젠더 쿼터다. 젠더 쿼터는 일반적으로 '할당제'라 불리는 제도의 일종으로, 후보자와 의석의 일정 비율을 여성과 남성에게 할당하는 구조다.

할당제는 그다지 특수한 제도가 아니다. 선거에 참여하는 특정 집단을 대상으로 후보자나 의석에 일정한 제한을 두는 구조는 옛날부터 쓰였다. 소선거구제하에서는 각 지역에서 대표자 한 명을 선출한다. 비례대표제하에서도 지역 블록에서 대표자를 몇 명 선출한다. 전 국민으로부터 대표자를 선출하는 것이라면 특별히 이러한 제한을 둘 필연성이 없다. 하지만 전국을 단일한 선거구로 하여 치르는 네덜란드와 이스라엘처럼 극히 소수의 예외를 제외하면, 거의 모든 나라에서 지역별로 후보자를 선발하는 방식을 취하고 있다.

젠더 쿼터의 특징은 그것이 쿼터라는 점이 아니라, 그 쿼터가 여성을 대표로 하기 위해 이용된다는 데 있다. 모나 레나 크룩이 쓴 『정치에서 여성을 위한 쿼터』(2009)에 따르면 젠더 쿼터의 도입에 이르는 길은 크게 세 가지로 나뉜다.

첫째로, 젠더 쿼터 중 가장 역사가 오랜 예약 의석(reserved seats)은 남아시아, 아프리카, 중근동 국가들에서 채택되었다. 이 제도는 의석의 일정 비율에 후보자를 여성으로 한정하고, 나머지 의석에 남녀 쌍방의 후보자를 할당한다. 그 기원은 영국 식민 통치기의 인도·파키스탄에서 현지 엘리트의 단결을 방지하기 위한 분할 통치 정책으로 도입된 제도로까지 거슬러 올라갈 수 있다. 시대가 흐른 뒤, 이런 종류의 제도는 국제기관으로부터 경제원조를 받는 조건으로 여성 의원의 비율을 늘릴 것을 요구받은 나라들에 도입되는 일도 많았다. 여성 의원의 비율이 세계 최고라고 알려진 르완다의 경우, 내전 후인 2003년에 신헌법을 제정하면서 하원 80석 중 24석을 여성에게 할당했다. 선진국에서는 대만이 입법 위원 선거의 비례대표 당선자 중 절반을 여성에게 할당하는 여성 정수 보장제를 시행하고 있다.

둘째로, 유럽에서는 1970년부터 정당 쿼터(political party quotas)라 불리는 구조가 발달했다. 이는 입법에 기초한 제도가 아니라 정당이 후보자의 일정 비율을 자발적으로 여성과 남성에게 할당하는 구조다. 비례대표제를 도입하고 있는 나라에서 후보자 명부를 작성할 때 널리 이용되었다. 유럽에서 여성 의원의 비율이 가장 높은 스웨덴에서는, 1987년에 좌파당과 녹색당이 쿼터를 도입한 후 사회민주노동당이 1993년 비례대표 명부에 남성과 여성을 교대로 기재하는 '순번제'를 채택하여 후보자를 남녀 동수로 했다. 소선거구 비례대표 병용제라는 혼합 선거제를 채택하는 독일에서는, 양대 정당인 사회민주당과 기독교민주연합 쌍방이 비례대표 명부에 쿼터를 도입했다. 소선거구제인 영국에서도 1997년부터 노동당이 일부 선거구에서 여성만으로 작성된 명부에서 후보자를 뽑는 방식을 채택하고 있다.

셋째로, 1990년대 이후 라틴아메리카 국가들을 중심으로 확산되고 있는데, 모든 정당에 대해 후보자의 일정 비율을 여성으로 하는 것을 법적 의무로 하는 후보자 쿼터(legislated candidate quotas)다. 후보자 쿼터는 민주화 시기에 유럽 못지않게 여성 대표를 실현하자는 취지로 도입하는 일이 많았는데, 공식 제도라는 점에서 유럽의 정당 쿼터보다 더 강력한 강제력을 갖게 되었다. 유럽에서는 프랑스가 2000년에 파리테법(남녀동수법)을 제정하여 세계 최초로 후보자를 남녀 동수로 하는 후보자 쿼터를 도입했다. 아시아에서는 한국이 2000년 정당법 개정으로 비례대표 후보자의 30퍼센트를 여성으로 하는 쿼터를 도입하고, 2002년과 2004년의 개정을 거쳐 비례대표를 남녀 동수, 소선거구 후보자의 30퍼센트를 여성으로 하는 쿼터를 설정했다.

젠더 쿼터의 확산

현재의 표준적인 정치학 교과서에서 선거제도를 해설할 때는 예외없이 다수결형과 비례대표형의 구별이 소개되는 한편, 젠더 쿼터에 대한 자세한 언급은 거의 이루어지지 않는다. 하지만 오늘날 의회 하원에서 어떤 형태로든 젠더 쿼터를 도입하고 있는 나라는 100개국을 넘는다. 상원이나 지방 의회까지 포함하면 그 수는 130개국 정도에 이른다. 표 4-2는 2019년 2월 현재 의회 하원에서 여성 의원이 차지하는 비율이 높은 세계 상위 10개국의 젠더 쿼터 도입 상

| 표 4-2 여성 의원 비율이 높은 나라의 선거 제도(2019년) |

국명	의회 하원의 여성 비율	쿼터 입법의 종류	정당 쿼터의 유무	선거제도
르완다	61.3%	예약 의석(30%)	×	구속명부식 비례
쿠바	53.2%	×	×	—
볼리비아	53.1%	후보자 쿼터(50%)	○	혼합 선거제
멕시코	48.2%	후보자 쿼터(40%)	○	혼합 선거제
스웨덴	47.3%	×	○	구속명부식 비례
그레나다	46.7%	×	×	소선거구제
나미비아	46.2%	×	○	구속명부식 비례
코스타리카	45.6%	후보자 쿼터(50%)	○	구속명부식 비례
니카라과	44.6%	후보자 쿼터(50%)	○	구속명부식 비례
남아프리카공화국	42.7%	×	○	구속명부식 비례

출전: Gender Quotas Database 및 IPU를 바탕으로 필자가 작성

황을 보여준다. 예약 의석과 후보자 쿼터 같은 입법에 기초하여 도입된 쿼터가 존재하는 나라에서는 그 종류를 보여주고, 동시에 정당이 자발적으로 도입하는 정당 쿼터의 유무를 보여주고 있다.

이 표를 보면 예약 의석을 채택하고 있는 나라가 르완다뿐인 것을 알 수 있다. 이 제도는 소수민족처럼 지지자가 단일 정당에 집중되어 있는 집단을 대표하는 데 유효한 구조다. 하지만 여성처럼 지지자가 복수 정당으로 갈려 있는 집단을 대표하는 데는 어울리지 않는 것으로 여겨진다. 예약 의석은 여성을 남성으로부터 격리하는 제도이지, 정당에서 남녀 불평등을 시정하는 제도가 아니다. 지금까지 예약 의석을 채택해온 나라는 대부분 폴 카가메 대통령의 독

재가 이어지고 있는 르완다 같은, 정당 사이의 경쟁이 실질적인 역할을 하지 못하는 권위주의 체제였다. 대만의 여성 정수 보장제도 국민당 정권 시기에 중국공산당에 대항하기 위해 만들어진 제도의 유산이다.

또한 이 표에 게재된 나라 중에는 구속명부식 비례대표제를 채택하고 있는 국가가 많다. 이런 유형의 제도하에서는 정당이 비례명부를 변경함으로써 여성 후보자의 인원을 늘리기 위해 후보자 쿼터나 정당 쿼터를 도입하기 쉽다. 소선거구 비례대표 병립제 같은 혼합 선거구제를 채택하고 있는 국가에서 비례대표 쪽에 쿼터를 도입하는 경향이 있는 것도 그 때문이다. 이에 비해 후보자 개인에게 의존하는 소선거구제 같은 제도하에서는 현직의 입후보를 제한할 필요가 있기 때문에 쿼터 도입은 상대적으로 어렵다. 그런 의미에서 소선거구제(결선 투표가 있는 2회 투표제)인 프랑스에서 파리테법이 도입된 것은 아주 흥미로운 사례다.

젠더 쿼터와 일본

이러한 국제적인 동향에 비춰보면 일본의 여성 의원 수가 다른 선진국보다 낮은 원인으로 젠더 쿼터가 도입되지 않았다는 점을 간과할 수 없다. 그림 4-11은 일본과 세 선진국을 예로 들어 젠더 쿼터 도입 전후의 의회 하원에서 여성 의원이 차지하는 비율의 추이를

| 그림 4-11 젠더 쿼터 도입과 여성 의원의 비율 |

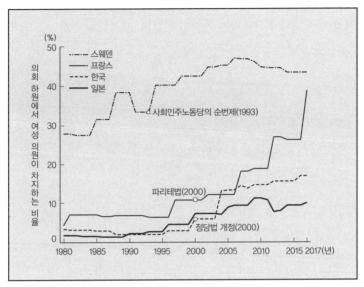

출전: V-Dem Version 9를 바탕으로 필자가 작성

보여준다. 스웨덴에서는 1993년 사회민주노동당의 순번제가 도입된 단계에서 이미 여성 의원의 비율이 꽤 높았다. 그런데 그 후 여성 의원의 비율이 더 높아졌다. 프랑스에서는 원래 여성 의원의 비율이 일본과 큰 차이가 없었다. 하지만 2000년 파리테법을 도입한 후에는 여성 의원이 눈부시게 늘어나, 2017년의 의회 선거에서는 당선자의 약 40퍼센트를 차지했다. 한국에서도 예전에는 여성 의원의 수가 적었지만 2000년의 정당법 개정으로 쿼터를 도입하고 2004년의 정당법 개정으로 제도가 강화되어, 그해 선거에서 여성 의원

의 비율이 배로 증가했다. 여성 후보자의 비율이 50퍼센트로 정해진 비례대표에서 선출되는 의원은 전체의 20퍼센트에 지나지 않으며, 소선거구 후보자의 여성 비율을 30퍼센트로 하려고 노력해야 하는 의무는 달성되지 않았다. 하지만 일본의 중의원에 비하면 여성 의원이 차지하는 비율은 높다.

일본에서도 2018년 5월에 후보자 남녀 균등법, 이른바 '일본판 파리테법'이 성립했다. 이 법률은 후보자를 남녀 동수에 근접시키려고 노력할 것을 정당에 요구하는 것이지, 그 위반에 대해 벌칙을 부과하는 것은 아니다. 하지만 여성 한정으로 하는 쿼터와 달리, 파리테는 그 정의상 남녀 후보자를 동수로 하는 것을 목표로 한다. 제도 강화를 통해 여성 의원이 늘어난 프랑스의 역사를 보면, 앞으로 후보자 쿼터를 더욱 강력하게 발전시킴으로써 일본에서도 여성 의원의 수가 증가할지도 모른다.

더욱 단기적으로 여성 의원이 증가할 수 있는 방법은 정당 쿼터일 것이다. 2019년 참의원 선거에서 제1야당인 입헌민주당은 비례대표의 후보자 40퍼센트를 여성으로 한다는 방침을 발표했는데, 최종적으로 45퍼센트가 여성 후보자였다. 다른 야당도 적극적으로 여성 후보자를 내정한 결과 전체 후보자에서 차지하는 여성의 비율은 역대 최고인 28퍼센트에 달했다.

이 선거에서는 여당인 자민당과 공명당이 의석의 과반수를 차지하고, 당선자 중에서 여성이 차지하는 비율 자체는 23퍼센트에 그쳤지만 여성 후보자가 널리 주목을 받았다. 앞으로 일본에서도 정당이 여성 후보자의 비율을 목표 수치로 설정하는 광경을 널리 보게 될지도 모른다.

이상과 같이 젠더 관점은 정당의 승부에 주목하는 것만으로 읽어낼 수 없는 정치 변화에 주의를 기울일 것을 촉구한다. 설령 앞으로도 일본에서 자민당 정권이 계속된다고 해도, 국회의원의 남녀 비율이 더욱 균등해진다면 여성과 남성 양쪽을 두루 살피는 정책이 선택되어갈 것이다. 일본의 민주주의에서 그러한 변화가 갖는 의의를 적절히 포착하여 앞으로의 정치를 전망하기 위해서는 기존의 표준적인 정치학 체계에 묶이지 않는 새로운 발상이 필요하다.

맺음말

정치학에 대한 비판과 학문의 풍요로움

피치 공주는 왜 스스로의 힘으로 쿠파 성에서 탈출하지 않았을까.

20세기를 대표하는 텔레비전 게임으로 세계적으로 알려진 닌텐도의 '슈퍼 마리오 브라더스'(1985년) 이야기는 아주 전통적인 남녀의 성별 역할 분담관에 기초해 있다. 이 게임의 주인공인 마리오라는 남성은 그의 앞길을 가로막는 다양한 적들을 쓰러뜨리며 마왕 쿠파의 성에 갇혀 있는 피치 공주를 구출하려고 한다. 피치 공주는 게임 첫머리에서 쿠파에게 납치당한 후 마리오가 도와주러 갈 때까지 무엇을 하고 있는지 거의 그려져 있지 않다.

그러나 다른 이야기도 있을 수 있지 않을까. 캐나다의 평론가 어니타 사키지언은 이렇게 묻는다. 예컨대 똑같이 공주가 유괴당하는 데서 시작하는 이야기를 만든다고 해도 그 공주는 그저 쓸데없이 구출을 기다릴 필요는 없다. 남성이 좀처럼 구조하러 오지 않아 속을 끓인 공주가 틈을 보아 스스로 성을 탈출하는 시나리오를 생각할 수도 있다. 또는 추격자를 따돌리고 모험을 거듭하며 솜씨를 갈고닦은 공주가 최후에는 스스로 적의 우두머리를 쓰러뜨리고 왕국의 평화를 되찾는다는 줄거리의 게임을 만드는 것도 생각할 수 있다.

사키지언에 따르면 피치 공주 같은 '비탄에 빠진 여성(damsel in distress)'이라고 부를 만한 역할을 하는 여성 캐릭터는 남성 주인공에게 동기를 부여하기 위한 존재로서 '슈퍼 마리오 브라더스' 이후 수많은 게임에 이용되어왔다. 피치 공주는 마리오의 성장을 위한 트로피이지 결코 주인공이 되는 일이 없다. 사키지언은 "가부장제의 게임에서 여성은 남성의 상대 팀조차 아니다. 남성들이 서로 잡으려고 다투는 공인 것이다"라고 말한다. 2010년경부터 자신이 주관하는 웹사이트 feministfrequency.com에서 게임에 관한 비평을 발표하기 시작한 사키지언은 그때까지 명작이라고 일컬어진 갖가지 작품에 숨어 있는 젠더 편향을 지적하여 주목을 끌었다.

사키지언의 이름을 일약 유명하게 만든 것은 2014년 여름에 일어난 통칭 '게이머게이트'라 불리는 사건일 것이다. 그녀의 비평에 화가 난 남성 게이머들이 인터넷상에서 공격을 개시한 것이다. 사키지언을 포함하여 게임업계의 관행에 대해 페미니즘의 입장에서 비판을 전개했던 몇몇 여성들이 집요한 비방과 중상의 타깃이 되었고, 그들의 개인 정보가 인터넷상에 노출되었을 뿐 아니라 급기야 살해 예고를 받는 지경으로까지 발전했다.

이 사건이 보여주는 것처럼 사회의 주류파와는 다른 관점에서 세계를 보는 사람은 때로 격렬한 적의의 대상이 된다. 게이머게이트 사건을 일으킨 남성들은 자신들이 좋아하는 게임이 비판당하는 것이 어지간히 마음에 안 들었을 것이다. 그들에게 사키지언은 폭력을 동원해서라도 배척해야 할 적이었다.

하지만 사키지언은 결코 게임의 적이 아니다. 오히려 그녀는 어렸을 때부터 헤아릴 수 없을 만큼의 게임을 계속해온 '오타쿠'이고, 다른 누구에게도 지지 않을 만큼 게임을 사랑했다. 그렇기 때문에 그녀는 굳이 게임업계의 남성 우위 관행을 비판한다. "게임을 즐기며 동시에 그 문제점을 비판하는 것은 가능할 뿐 아니라 필요한 일이다"라고 그녀는 말한다.

정치학에 대한 페미니즘의 비판에 대해서도 똑같은 말을 할 수 있지 않을까. 페미니스트는 정치학의 적이 아니다. 젠더 관점을 바탕으로 표준적인 정치학의 학설을 재검토하는 시도는 때로 사회의 주류파인 남성에게 불쾌감을 주고, 때로 적의의 대상이 되어왔다. 하지만 그 비판은 정치학이라는 학문을 증오해서 제기한 것이 아니다. 오히려 정치학을 좀 더 풍부한 학문으로 만들고자 하는 바람에서 이루어졌다. 적어도 필자는 그렇게 이해하고 있다.

남성으로서 페미니즘과 만나다

자신과 다른 각도에서 세계를 파악하는 관점을 접하는 일은 누구에게나 신선한 놀라움을 가져다줄 것이다. 젠더 관점을 도입하면 지금까지 보이지 않았던 남녀 불평등이 부각된다. 지금까지 민주적으로 보였던 일본의 정치가 그다지 민주적으로 보이지 않게 된다. 남성으로서 극히 표준적인 '주류파' 정치학의 전통 안에서 자란 필자에게 페미니즘과의 만남은 그런 놀라움의 연속이었다.

상상도 하지 못한 각도에서 나의 세계관이 뒤집히는 일은 반성을 강요받는 체험인 동시에 자극으로 가득한 체험이기도 했다. 다음에 무엇이 나올까. 새로운 책을 읽을 때마다 미지의 발견이 있었다. 무엇보다 지금까지 젠더와 관계없다고 생각하고 있던 수많은 것들이 실은 젠더와 밀접하게 관계되어 있음을 깨닫는 계기가 되었다.

예컨대 국제정치에서 외교 교섭을 담당하는 외교관 남성들의 전기나 자전에는 그 아내가 에피소드에 등장하는 경우가 많다. 그런 유의 에피소드에서 아내들은 파티에서 사교적으로 행동하고, 남편의 평판을 높이는 역할을 한다. 이는 오늘날에도 극히 일반적인 외교에 대한 이미지다. 그런데 생각해보면 이상한 일이 아닐까. '국익' 추구를 제일로 여겨야 할 냉철한 남성들의 교섭이 실제로는 여성들의 무상 노동을 필요로 한다는 것을 의미하기 때문이다.

1945년 8월 미군이 히로시마와 나가사키에 원자폭탄을 투하한 일의 시비를 둘러싸고 오늘날에도 논쟁이 계속되고 있다. 일본 측의 피폭자와 그 유족이 보면 원자폭탄 투하는 비인도적 살육이다. 이에 반해 미국에서는 원자폭탄 투하가 전쟁 종결에 필요했다는 의견이 군인을 중심으로 아직도 뿌리 깊다. 이 논쟁에서 오랫동안 망각되어온 것은 여성의 역할이다. 원자폭탄을 제조하기 위한 맨해튼 계획을 주도한 과학자들은 대부분 남성이었다. 하지만 핵물질을 추출하는 위험한 작업을 담당한 노동자는 대부분 여성이었다. 이와 같은 여성들의 역할은 최근 들어 미국에서 다시 주목을 받고 있다.

일단 젠더 관점을 모든 것에 적용할 수 있다는 것을 알게 되면 세계를 보는 방법이 달라진다. 그리고 어떤 정치 현상을 보더라도 '그렇다면 여성은 어디에 있었고 무엇을 했을까', '그 정치인이 한 선택은 그 사람이 남성이었다는 것과 관계가 있을까' 하고 묻는 습관이

몸에 밴다.

젠더 관점에서 바라봄으로써 세계를 보는 방법이 이만큼 바뀐다면 그것을 처음부터 알아두고 싶었다. 자유주의나 마르크스주의가 모든 정치 현상을 설명하는 도구를 갖추고 있는 것과 마찬가지로, 페미니즘도 모든 정치 현상을 설명할 논리를 갖고 있다는 것을 알아두고 싶었다. 그렇기에 앞으로 정치학을 배우기 시작하는 사람은 그것을 이른 단계에 알아두었으면 한다. 이 책은 그런 동기에서 집필했다.

다양한 관점에 열린 정치학으로

자신이 생각지도 못했던 사고를 문득 만난다. 그런 경험을 되풀이하면 세계를 파악하는 관점의 다양성에 민감해진다. 예컨대 메이지유신이라는 사건을 신정부가 탄생한 도쿄에서 보는 것과, 류큐처분[*]으로 일본에 병합된 오키나와에서 보는 것은 그 의미가 다를 것이다. 또는 이 책에서도 다룬 젠더 쿼터는 여성을 정치적으로 대표하게

[*] 메이지 정부가 류큐에 대해 청(淸)과의 책봉 관계를 폐지할 것을 요구하고 무력을 배경으로 강제적으로 일본에 통합한 과정을 말한다. 1872년 류큐번이 되었다가 1879년 오키나와현으로 일본에 강제 귀속되었다.

하는 데 유효한 구조다. 하지만 성소수자를 대표하게 하기 위해 채택하는 데는 적합하지 않을 것이다.

사회의 주류파와는 다른 관점을 정치학에 도입하는 것은 정치를 파악하는 방법을 크게 바꾼다. 그것에 의해 여태껏 묻지 않았던 다양한 문제가 떠오르고, 그 문제를 풀기 위해 다양한 답변이 제시된다. 그 과정에서 정치학은 학문으로서 더욱 풍부해질 것이다. 이 책에서 살펴본 것처럼 젠더 관점을 도입함으로써 지금까지 사회의 주류파로서 남성의 관점에서 그려진 정치의 풍경은 종종 극적으로 변모한다.

하지만 정치학의 풍부함이 전문가 너머까지 공유되기 위해서는 그 성과가 일반인을 위한 책에 적절하게 소개되지 않으면 안 된다. 그래서 이 책에서는 일본의 대학에서 표준적으로 사용하는 교과서에 게재되어 있는 정치학의 학설을 문제 삼아 재검토했다.

이 책의 이런 사고는 정치라는 행위가 단일한 관점에서 분석하기에 너무 복잡하다는 인식에 기초해 있다. 근래를 돌아보는 것만으로도 트럼프 현상, 브렉시트(영국의 EU 탈퇴), 오키나와 미군기지 문제, 집단적 자위권 문제, 역사 인식 문제, #MeToo 운동 등에 보이는 것처럼 정치의 세계는 항상 아무도 예상하지 못한 형태로 변해왔다. 어딘가에서 항상 주류파와는 다른 관점으로 세계를 보고 있는 사람들이 현 상황에 대해 이의 제기를 하고 있다.

다양한 아이덴티티를 가진 사람들의 의견이 서로 부딪치는 문제라면 대립하는 당사자들 사이에서 타협이 어려운 경우도 많다. 그런 상황에서 자기 관점의 올바름을 역설하며 상대를 논박해도 아마 얻을 수 있는 것은 적을 것이다. 오히려 자신의 관점에서 보는 세계가 제한되어 있다는 것을 인정하고, 다른 관점에서 본 세계의 모습에 입각하여 끈질기게 대화를 계속할 수밖에 없는 게 아닐까. 이 책은 그런 대화에 도움이 되는 다양한 관점에 열린 정치학을 위한 하나의 시도다.

후기

몇 년 전 대학에서 정치학 강의를 담당하게 되었을 때, 필자는 전체 스물여덟 번의 강의 일정 중에서 한 번은 젠더 이야기를 하는 날로 잡는다는 계획을 세웠다. 지금에 와서는 부끄럽기 짝이 없지만, 그것으로 정치에서의 남녀 불평등까지 두루 살핀 균형 잡힌 강의가 될 것이라는 기분이 들었다.

하지만 실제로 강의를 하기 위해 젠더와 정치에 관한 책이나 논문을 읽어나가는 동안 필자는 강의 구성에서 점점 부족함을 느끼게 되었다. 배우면 배울수록 남녀 불평등에 관한 정치 이야기는 도저히 한 번으로 끝낼 수 없다는 사실을 깨닫게 된 것이다. 거기에 그치지 않고 모든 정치 현상이 젠더와 관련되어 있는 것으로 여겨졌다. 지금의 필자는 그 무렵의 나에게 다음과 같이 물을 것이다. "나머지 스물일곱 번은 젠더 이야기를 하지 않아도 될까?"

이 책은 필자 자신의 정치학에 대한 이러한 이해를 반성하는 데서 출발했다. 이번에야말로 남녀 불평등과 제대로 마주해보자. 지금까지 내가 친숙하게 여겨온 정치학이 남성의 관점에 치우쳤다면, 그것과는 다른 관점이 존재한다는 사실을 받아들이자. 민주화를 논할 때도, 선거를 논할 때도 젠더 관점에 기초한 연구 성과를 소개하

자. 이런 사고에 기초한 정치학 입문서는 기존 정치학 교과서의 내용에서 크게 벗어나겠지만 써볼 가치가 있을 것이다.

집필 과정에서 필자의 이런 문제의식을 공유해준 친구들의 존재가 무엇보다 중요했다. 특히 나지현 씨는 믿음직한 연구 동료로서 최초의 기획 단계에서부터 마지막의 교정 작업에 이르기까지 항상 따뜻한 지원을 해주었을 뿐 아니라, 분쿄구의 보육원 사정에서부터 한국의 #MeToo 운동 동향에 이르기까지 필자가 알 수 없는 많은 것들을 알려주었다. 다카기 유키, 우메카와 다케시, 오니시 가요, 히라타 아야코, 우메카와 하나 씨는 대학원에서 함께 공부했던 시기부터 지금까지 몇 번이고 필자의 이야기를 들어주었다. 그뿐 아니라 뻔뻔한 부탁이었음에도 불구하고 원고를 통독해주고 여러 가지 개선해야 할 점에 대해 지적해주었으며 다양한 자료나 참고문헌을 제공해주었다. 물론 그래도 남은 실수의 책임은 필자에게 있다.

이 책의 배경에 있는 방법론적 사고에 대해서는 2017년 4월 15일 제3회 젠더와정치연구회에서 보고할 기회를 얻어 그 내용을 「정치학에서의 젠더 주류화」(『국가학회잡지』 제131권 제5·6호, 2018년)라는 제목의 논문으로 정리했다. 연구회 참가자 여러분께 감사의 말을 전한다. 또한 이 책은 이 논문과 마찬가지로 과연비(科研費) 17K13669의 연구 성과 중 일부다.

이와나미쇼텐의 야스다 마모루 씨는 이 책을 세상에 내놓을 계기를 제공해주었다. 이전부터 야스다 씨가 편집한 신서(新書)를 읽어온 필자로서, 그가 이 책의 편집을 직접 담당해준 것은 엄청난 행운이었다. 신서를 쓴다는 것의 의미만이 아니라 테마나 내용에 대해서도 적확한 조언을 해준 일은 필자에게 큰 자산이 되었다.

마지막으로 아내 요시에에게 고맙다는 말을 전하고 싶다. 결국 이 책의 테마에 대한 필자의 관심은 그녀를 만나 함께 보낸 시간 속에서 자란 것이다. 늘 감사한다.

이 책의 원고를 다 쓰고 며칠 후 딸이 태어났다. 앞으로 일본이라는 나라가 어떻게 변해가든 딸이 자유롭게 살아갈 수 있는 나라가 되었으면 싶다. 그렇게 되기를 바라며 앞으로도 정치에 대해 계속 생각해나가고 싶다.

2019년 7월

마에다 겐타로

주요 참고문헌·데이터베이스

정치학 교과서

上神貴佳·三浦まり編 2018『日本政治の第一歩』有斐閣

賀来健輔·丸山仁編著 2010『政治変容のパースペクティブ[第2版]』ミネルヴァ書房

加茂利男·大西仁·石田徹·伊藤恭彦 2012『現代政治学[第4版]』有斐閣

川出良枝·谷口将紀編 2012『政治学』東京大学出版会

苅部直·宇野重規·中本義彦編 2011『政治学をつかむ』有斐閣

木寺元編著 2016『政治学入門』弘文堂

久米郁男·川出良枝·古城佳子·田中愛治·真渕勝 2011『政治学[補訂版]』有斐閣

佐々木毅 2012『政治学講義[第2版]』東京大学出版会

新川敏光·大西裕·大矢根聡·田村哲樹 2017『政治学』有斐閣

砂原庸介·稗田健志·多湖淳 2015『政治学の第一歩』有斐閣

데이터베이스

東京大学谷口研究室·朝日新聞社共同調査(東大朝日調査)

　http://www.masaki.j.u-tokyo.ac.jp/utas/utasindex.html

　표 4-1과 그림 4-2에서는 2014년 중의원 선거 후보자 조사(衆院選候補者調査)의 q6_1에서
　q6_17과 2014년 중의원 선거-16년 참의원 선거 여론조사(参院選世論調査)의 w1q16_1에서
　w1q16_1을 이용했다.

Gender Quotas Database

　https://www.idea.int/data-tools/data/gender-quotas

　표 4-2에서는 2019년 6월 30일 현재 각국의 데이터를 이용했다.

Inter-Parliamentary Union(IPU)

　http://archive.ipu.org/wmn-e/classif.htm

표 4-2에서는 Women in National Parliaments의 2019년 2월 현재의 데이터를 이용했다.

International Social Survey Programme(ISSP) http://w.issp.org

2012년 조사 Family and Changing Gender Roles Ⅳ를 이용했다. 수록된 변수 중 그림 1-2는 V37, 그림 3-2 및 그림 3-3은 V37과 WRKHRS를 이용했다.

OECD.Stat https://stats.oecd.org

그림 1-1은 Gender Wage Gap, 그림 3-1은 Social Expenditure-Aggregated data: Public expenditure on family, 그림 3-5와 그림 3-6은 Social Expenditure-Aggregated data: Public expenditure on family와 Social Expenditure-Aggregated data: Public expenditure on old-age and survivors benefits의 데이터(cash와 in kind의 합계)를 이용했다.

World Values Survey(WVS) http://www.worldvaluessurvey.org

Wave 6을 이용했다. 수록된 변수 중 그림 2-7은 V87, 표 4-5는 V51를 이용했다.

Varieties of Democracy(V-Dem) https://www.v-dem.net

Version 9, Country-Year: V-Dem Full+Others를 이용했다. 수록된 변수 중 그림 2-1, 그림 2-2, 그림 2-6, 그림 4-3, 그림 4-5, 그림 4-9, 그림 4-11은 v2lgfemeleg, 그림 2-3은 e_polity2, 그림 2-4는 v2x_polyarchy, 그림 2-5는 e_boix_regime를 이용했다. v2lgfemleg의 수치가 잘못되었다고 생각되는 부분에 대해서는 이하의 데이터로 보정했다.

Manning, Jennifer E., and Ida A. Brudnick. 2014. "Women in the United States Congress, 1917-2014: Biographical and Committee Assignment Information, and Listings by State and Congress." Congressional Research Service.

Paxton, Pamela, Jennifer Green, and Melanie M. Hughes 2008. "Women in Parliament, 1945-2003: Cross-National Dataset." ICPSR.

머리말

衛藤幹子 2017『政治学の批判的構想—ジェンダーからの接近』法政大学出版局

御巫由美子 1999『女性と政治』新評論

渡辺浩 2003「序論」—なぜ「性」か. なぜ今か」『年報政治学』2003年度

Waylen, Georgina, Karen Celis, Johanna Kantola, and S. Laurel Weldon, eds. 2013. *The Oxford Handbook of Gender and Politics.* Oxford University Press.

제1장

イーストン, デヴィッド 1976『政治体系—政治学の状態への探究[第2版]』山川雄巳訳, ペリカン社[原著第1版 1953年, 第2版 1971年]

岩本美砂子 2003「女性をめぐる政治的言説」『年報政治学』2003年度

大嶽秀夫 2011『20世紀アメリカン・システムとジェンダー秩序—政治社会的考察』岩波書店

岡野八代 2012『フェミニズムの政治学—ケアの倫理をグローバル社会へ』みすず書房

荻野美穂 2014『女のからだ フェミニズム以後』岩波書店

サンドバーグ, シェリル 2013『LEAN IN―女性, 仕事, リーダーへの意慾』村井章子訳, 日本経済新聞出版社[原著 2013年]

城山三郎 1983『男子の本懐』新潮社

ソルニット, レベッカ 2018『説教したがる男たち』ハーン小路恭子訳, 左右社[原著 2014年]

田村哲樹 2017『熟議民主主義の困難―その乗り越え方の政治理論的考察』ナカニシヤ出版

チョ・ナムジュ 2018『82年生まれ, キム・ジョン』斎藤真理子訳, 筑摩書房[原著 2016年]

野崎綾子 2003『正義・家族・法の構造変換―リベラル・フェミニズムの再定位』勁草書房

藤田結子 2017『ワンオペ育児―わかってほしい休めない日常』毎日新聞出版

フリーダン, ベティ 1965『新しい女性の創造』三浦富美子訳, 大和書房[原著 1963年]

ボネット, イリス 2018『WORK DESIGN―行動経済学でジェンダー格差を克復する』地村千秋訳, NTT出版[原著 2016年]

Acker, Joan. 1990. "Hierarchies, Jobs, Bodies: A Theory of Gendered Organizations." *Gender & Society* 4(2).

Beattie, Geoffrey W., Anne Cutler, and Mark Pearson. 1982. "Why is Mrs. Thatcher Interrupted So Often?" *Nature* 300(5894).

Bennett, Jessica. 2015. "How Not to be 'Manterrupted' in Meetings." *Time*, January 20.

Dahlerup, Drude. 1988. "From a Small to a Large Minority: Women in Scandinavian Politics." *Scandinavian Political Studies* 11(4).

Hasunuma, Linda, and Ki-young Shin. 2019. "#MeToo in Japan and South Korea: #MeToo, #WithYou." *Journal of Women, Politics & Policy* 40(1).

Inglehart, Ronald and Pippa Norris. 2003. *Rising Tide: Gender Equality and Cultural Change Around the World*. Cambridge University Press.

Karpowitz, Christopher F., and Tali Mendelberg. 2014. *The Silent Sex: Gender, Deliberation, and Institutions*. Princeton University Press.

Krook, Mona Lena, and Fiona Mackay, eds. 2010. *Gender, Politics and Institutions: Towards a Feminist Institutionalism*. Palgrave Macmillan.

Och, Malliga. Forthcoming. "Manterrupting in the German Bundestag: Gendered Opposition to Female Members of Parliament?" *Politics & Gender*.

OECD. 2017. *Government at a Glance 2017*. OECD.

Osawa, Kimiko. 2015. "Traditional Gender Norms and Women's Political Participation: How Conservative Women Engage in Political Activism in Japan." *Social Science Japan Journal* 18(1).

Preece, Jessica, and Olga Stoddard. 2015. "Why Women Don't Run: Experimental Evidence on Gender Differences in Political Competition Aversion." *Journal of Economic Behavior & Organization* 117.

第2章

シュンペーター、ヨーゼフ 2016『資本主義、社会主義、民主主義 Ⅰ・Ⅱ』大野一訳、日経BP社 [原著 1942年]

進藤久美子 2004『ジェンダーで読む日本政治―歴史と政策』有斐閣

ダール、ロバート・A. 1981『ポリアーキー』高畠通敏・前田脩訳、三一書房 [原著 1971年]

竹中千春 2010「国際政治のジェンダー・ダイナミクス―戦争・民主化・女性解放」『国際政治』第161号

ハンチントン、S. P. 1995『第三の波―20世紀後半の民主化』坪郷實・中道寿一・藪野祐三訳、三嶺書房 [原著 1991年]

三浦まり 2015『私たちの声を議会へ―代表制民主主義の再生』岩波書店

Matland, Richard E. and Kathleen A. Montgomery, eds. 2003. *Women's Access to Political Power in Post-Communist Europe*. Oxford University Press.

Offen, Karen. 2000. *European Feminisms, 1700-1950: A Political History*. Stanford University Press.

Paxton, Pamela. 2000. "Women's Suffrage in the Measurement of Democracy: Problems of Operationalization." *Studies in Comparative International Development* 35(3).

Paxton, Pamela, and Melanie M. Hughes. 2017. *Women, Politics, and Power: A Global Perspective(Third Edition)*. CQ Press.

Phillips, Anne. 1995. *The Politics of Presence*. Oxford University Press.

Towns, Ann E. 2010. *Women and States: Norms and Hierarchies in International Society*. Cambridge University Press.

Waylen, Georgina. 2007. *Engendering Transitions: Women's Mobilization, Institutions and Gender Outcomes*. Oxford University Press.

第3章

岩本美砂子 1997「女のいない政治科程―日本の55年体制における政策決定を中心に」『女性学』第5巻

岩本美砂子 2007「日本における女性政策ナショナルマシナリーの分析―「無私・無謬の官僚」神話と女性政策」『三重大学法経論叢』第24巻第2号

エスピン＝アンデルセン, G. 2000『ポスト工業経済の社会的基礎―市場・福祉・国家・家族の政治経済学』渡辺雅男・渡辺景子訳、桜井書店 [原著 1999年]

エスピン＝アンデルセン, G. 2001『福祉資本主義の三つの世界―比較福祉国家の理論と動態』岡沢憲芙・宮本太郎監訳、ミネルヴァ書房 [原著 1990年]

大沢真理 2013『生活保障のガバナンス―ジェンダーとお金の流れで読み解く』有斐閣

武田宏子 2018「家族政策と権力作用―「統治性」ガバナンスと日本の家族」浅野正彦、ジル・スティール編『現代日本社会の権力構造』北大路書房

千田航 2018『フランスにおける雇用と子育ての「自由選択」―家族政策の福祉政治』ミネルヴァ書房

辻由希 2012『家族主義福祉レジームの再編とジェンダー政治』ミネルヴァ書房

辻村みよ子・稲葉馨編 2005『日本の男女共同参画政策―国と地方自治体の現状と課題』東北大学出版会

豊福実紀 2017「配偶者控除制度の変遷と政治的要因」『社会保障研究』第1巻第4号

ノーグレン・ティアナ 2008『中絶と避妊の政治学―戦後日本のリプロダクション政策』岩本美砂子監訳、塚原久美・日比野由利・猪瀬優理訳、青木書店[原著 2001年]

濱田江里子 2014「21世紀における福祉国家のあり方と社会政策の役割―社会的投資アプローチ(social investment strategy)の検討を通じて」『上智法学論集』第58巻第1号

堀江孝司 2005『現代政治と女性政策』勁草書房

前田健太郎 2014『市民を雇わない国家―日本が公務員の少ない国へと至った道』東京大学出版会

山口智美・斎藤正美・萩上チキ 2012『社会運動の戸惑い―フェミニズムの「失われた時代」と草の根保守運動』勁草書房

横山文野 2002『戦後日本の女性政策』勁草書房

Htun, Mala, and S. Laurel Weldon. 2018. *The Logics of Gender Justice: State Action on Women's Rights Around the World*. Cambridge University Press.

Iversen, Torben, and Frances McCall Rosenbluth. 2010. *Women, Work, and Politics: The Political Economy of Gender Inequality*. Yale University Press.

Miura, Mari. 2012. *Welfare through Work: Conservative Ideas, Partisan Dynamics, and Social Protection in Japan*. Cornell University Press.

Sainsbury, Diane. 1996. *Gender, Equality and Welfare State*. Cambridge University Press.

Stetson, Dorothy McBride, and Amy Mazur, eds. 1995. *Comparative State Feminism*. Sage Publications.

제4장

岩本美砂子 2000「女性と政治科程」賀来健輔・丸山仁編著『ニュー・ポリティクスの政治学』ミネルヴァ書房

大海篤子 2005『ジェンダーと政治参加』世織書房

大山七穂・国広陽子 2010『地域社会における女性と政治』東海大学出版会

川人貞史・山元一編 2007『政治参画とジェンダー』東北大学出版会

杉之原真子 2015「少子化・女性・家族と「戦後保守」の限界」日本再建イニシアティブ『「戦後保守」は終わったのか―自民党政治の危機』KADOKAWA

ダウンズ，アンソニー 1980『民主主義の経済理論』古田精司監訳、成文堂[原著 1957年]

三浦まり編 2016『日本の女性議員―どうすれば増えるのか』朝日新聞出版社

三浦まり・衛藤幹子編著2014『ジェンダー・クオーター世界の女性議員はなぜ増えたのか』明石書店

ルブラン，ロビン 2012『バイシクル・シティズン―「政治」を拒否する日本の主婦』尾内隆之訳、勁草書房[原著 1999年]

レイプハルト, アレンド 2014『民主主義対民主主義—多数決型とコンセンサス型の36カ国比較研究[第2版]』粕谷祐子・菊池啓一訳, 勁草書房[原著第1版 1999年, 第2版 2012年]

Beaman, Lori, Esther Duflo, Rohini Pande, Petia Topalova. 2012. "Female Leadership Raises Aspirations and Educational Attainment for Girls: A Policy Experiment in India." *Science* 335(6068).

Brooks, Deborah Jordan. 2013. *He Runs, She Runs: Why Gender Stereotypes Do Not Harm Women Candidates*. Princeton University Press.

Dahlerup, Drude, ed. 2006. *Women, Quotas and Politics*. Routledge.

Kage, Rieko, Frances M. Rosenbluth, and Seiki Tanaka. 2019. "What Explains Low Female Political Representation? Evidence from Survey Experiments in Japan." *Political & Gender* 15(2).

Krook, Mona Lena. 2009. *Quotas for Women in Politics: Gender and Candidate Selection Reform Worldwide*. Oxford University Press.

Lawless, Jennifer L., and Richard L. Fox. 2005. *It Takes a Candidate: Why Women Don't Run for Office*. Cambridge University Press.

Lovenduski, Joni, and Pippa Norris, eds. 1993. *Gender and Party Politics*. Sage Publications.

Ono, Yoshikuni, and Masahiro Yamada. Forthcoming. "Do Voters Prefer Gender Stereotypic Candidates? Evidenc·e from a Conjoint Survey Experiment in Japan." *Political Science Research and Methods*.

맺음말

土佐弘之 2000『グローバル/ジェンダー・ポリテイクス—国際関係論とフェミニズム』世界思想社

Enloe, Cynthia. 1990. *Bananas, Beaches and Bases: Making Feminist Sense of International Politics*. University of California Press.

Kiernam, Denise. 2013. *The Girls of Atomic City: The Untold Story of the Women Who Helped Win World War II*. Simon and Schuster.

Sarkeesian, Anita. 2012. "Tropes vs. Women in Video Games." YouTube.com.

여성 없는 민주주의

젠더 관점으로 다시 읽는 정치학
女性のいない民主主義

초판 1쇄 발행 2021년 8월 25일

지은이 마에다 겐타로

옮긴이 송태욱

디자인 신병근

펴낸곳 한뼘책방

등록 제25100-2016-000066호(2016년 8월 19일)

전화 02-6013-0525

팩스 0303-3445-0525

이메일 littlebkshop@gmail.com

인스타그램, 트위터, 페이스북 @littlebkshop

ISBN 979-11-90635-10-3 03340